니체가 들려주는

슈퍼맨 이야기

니체가 들려주는
슈퍼맨 이야기

ⓒ 강용수, 2006

초판 1쇄 발행일 2006년 2월 14일
초판 17쇄 발행일 2022년 6월 3일

지은이   강용수
펴낸이   정은영
펴낸곳   (주)자음과모음

출판등록   2001년 11월 28일 제2001-000259호
주소   10881 경기도 파주시 회동길 325-20
전화   편집부 (02)324-2347 경영지원부 (02)325-6047
팩스   편집부 (02)324-2348 경영지원부 (02)2648-1311
e-mail   jamoteen@jamobook.com

ISBN 978-89-544-1939-0 (64100)

니체가 들려주는
슈퍼맨 이야기

강용수 지음

㈜ 자음과모음

책머리에

　니체(F.W. Nietzsche : 1844~1900)는 '신은 죽었다'는 선언으로 유명한 독일의 철학자입니다. 기독교가 지배하던 시대에 목사의 아들로 태어난 그는 신이 '웃다가' 죽었다고 말함으로써 세계에 큰 충격을 던져 주었습니다.

　니체는 보기 드물게 잘생긴 '얼짱'에 속하지만, 시중에 유포된 그의 사진 대부분은 정신병원에서 촬영된 것입니다. 젊었을 때부터 언어와 문학 그리고 음악에서 천재성을 드러내었던 그는 20대에 문헌학 교수가 되었습니다. 그러나 성병으로 추정되는 병에 걸리면서 그의 파란만장한 삶이 시작됩니다.

　그는 매우 과격하게 당시의 시대를 비판하였고, 특히 기독교 사제 권력의 부패와 타락을 지적하면서 천국과 영혼 대신 건강한 신체와 땅을 사랑하고자 했습니다. 바그너라는 작곡가의 예술에 심취하여 '아폴로적인 것'과 '디오니소스적인 것'이라는 것을 주제로 그리스 예술을 분석하였다가 크게 실망하고, 비제의 카르멘을 듣고 위안을 삼게 됩니다. 그 다음에는 자유로운 정신을 찾아 방황하다가 마지막에는 다시 예술철학으로 되돌아갑니다.

그는 매우 아이러니한 삶을 살았습니다. 동정과 연민을 비판했지만 병이 깊어졌을 때 채찍에 맞는 말을 껴안고 울기도 했고, 국가를 가장 냉혹한 괴물로 비판하면서도 정부가 주는 연금으로 살았습니다. 여자를 경멸했지만 그가 죽기 전까지 여동생과 어머니 그리고 많은 간호사들이 그를 돌봤습니다.

이 책은 그의 많은 저서 중에서 《차라투스트라는 이렇게 말했다(Also sprach Zarathustra)》의 내용을 뽑아서 읽기 쉽게 만든 것입니다.

니체는 인간이 위버멘쉬(Übermensch)의 단계로 업그레이드되어야 한다고 주장합니다. 위버멘쉬는 독일말입니다. 영어로 번역하면 슈퍼맨

(Superman)이 됩니다. 하지만 니체가 추구한 한 단계 위의 인간을, 영화 〈슈퍼맨〉의 주인공처럼 하늘을 날아다니는 강력한 힘을 가진 존재로 오해해서는 안 됩니다.

니체는 자기 자신만 생각하는 이기주의를 타파하고 다른 사람들과 함께할 수 있는 열린 마음을 가져야 한다고 말합니다. 매번 반복되는 삶을 사랑하고 언젠가 다시 한 번 살기를 원할 수 있도록 멋진 삶을 즐기라고 합니다. 사후세계를 꿈꾸지 말고 땅과 몸에서 우리의 꿈을 일궈내야 한다고 말합니다. 자기를 끊임없이 극복해서 더 나은 사람이 되어야 한다는 니체의 주장은 나약해진 학생들에게 교훈을 줄 것으로 생각합니다. 자, 이제부터 니체의 철학에 푹 빠져 볼까요?

차례

책머리에

1 사랑과 미움 | 09

2 진짜 슈퍼맨을 만나다 | 041

3 신데렐라는 싫어! | 079

4 신은 죽었다 | 111

부록 **통합형 논술 활용노트**

사랑과 미움

_첫 번째 에피소드

삶이 있는 곳에 의지가 있다.
그러나 그 의지는 삶에의 의지가 아니라 힘에의 의지이다.
- 니체 -

진영이를 좋아하는 학교 최고의 두 캡짱, 나라와 한영! 진영이를 사이에 둔 두 아이의 경쟁은 날이 갈수록 치열해집니다. 그 사이에서 진영이는 마음의 갈피를 잡지 못해요. 그러던 어느 날, 나라와 한영이는 사이좋게 어깨동무를 하고 나타납니다. 도대체 무슨 일일까요?

① 갈등의 시작

급식이 끝나고 오후 수업이 시작되기 전이었다. 여느 때 같으면 운동장은 소리 지르며 뛰어 다니는 아이들로 왁자지껄했을 텐데, 뭔가 이상했다. 아이들은 숨소리조차 내지 않았다. 바람도 이 순간만큼은 위풍당당함을 뽐내지 못했다. 공부면 공부, 얼굴이면 얼굴, 어느 것 하나 뒤지지 않는 학교 최고의 두 캡짱인 빈나라와 나한영의 눈빛이 허공에서 불꽃을 튀기고 있었다.

"야, 이진영! 네가 지금 이러고 있을 때야?"

"왜 이렇게 호들갑이니?"

"지금, 나한영이랑 빈나라가 한판 붙는다니까."

"근데?"

"그 이유가⋯⋯. 참, 기막혀. 너 때문이라잖아."

"왜 걔들이 나 땜에 싸움을 해?"

"어휴, 정말 몰라서 묻니?"

옆에 있던 지현이가 효정이의 어깨를 치며 고개를 저었다. 효정이도 두 손을 들고 지현이에게 '졌다'고 말하며 어깨를 으쓱했다.

내 이름은 이진영. 우리 반에는 나와 똑같은 이름을 가진 남자아이가 있다. 그래서 내 이름을 부를 때면 친구들도 선생님들도 모두 성을 붙여 부른다. 어쩌면 내 마음속에는 남자 아이가 하나 숨어 있는지도 모른다.

나는 치마를 즐겨 입지 않는다. 그렇다고 남자들의 유치한 싸움 따위에 동경을 느낀다든지 멋지다는 생각을 하는 것은 아니다. 다만 나, 이진영은 여자 아이들의 쓸데없는 수다보다는 풍부한 지적 호기심과 상상력으로 공상의 세계를 넘나드는 차원 높은 취미를 가졌단 말씀이지.

"누가 이겼대?"

여기저기서 아이들의 목소리가 들려왔다. 친구들 말대로라면 내가 가장 관심을 가져야 하는데, 정작 당사자인 나보다는 아이들이 관심을 집중시키고 있었다. 그럴 만도 하다. 나한영도 꽤 멋있게 생겼지만, 빈나라의 얼굴은 가히 예술적이다. 아이들이 관심을 갖지 않을 수가 없다.

교실 문이 드르륵 열렸다. 순간 아이들의 웅성거림이 멈추고 교실은 쥐죽은 듯 조용해졌다. 빈나라가 성큼성큼 내게 다가왔다. 그리고는 불쑥 이런 말을 던졌다.

"야, 이진영. 나랑 사귀자."

"……."

"좋아, 생각할 시간을 줄게. 조금 당황스럽지? 그럼 대답 기다린다."

사실 나는 기분이 좋다. 하지만 이럴 때 어떻게 행동해야 하는지 잘 모르기 때문에 가만히 있었던 것뿐이다. 의외로 박력 있게 나오는 빈나라가 멋있다는 생각도 든다.

빈나라가 떠난 뒤 우리 반 여자 아이들이 우르르 내게로 몰려왔다.

"어떻게 할 거야?"

"어떻게 하고 말고가 어딨어? 호박이 넝쿨째 들어왔는데."

"그러게, 이게 웬 떡이냐? 이진영은 좋겠다."

"어머, 말도 안 돼. 빈나라 취향 참 독특하다."

반응이 가지가지였다. 아이들은 내게 어서 판결을 내리라는 듯 답변을 재촉해 댔다. 정작 나는 이 일에 별 관심이 없다. 하지만 여자 아이들은 온통 이번 일에 정신을 쏟고 있다. 이러다가 여자 아이들한테 괜한 오해만 사는 건 아닌지 모르겠다.

마침 점심 시간이 끝나는 종이 울렸다. 내 주변에 모여 있던 여자 아이들도 모두 제자리로 돌아갔다. 그러나 수업 중에 내 머릿 속은 점점 더 복잡해져 갔다.

'빈나라 이 자식. 괜히 그런 고백은 해 가지고……'

방과 후 집으로 가는 내 발걸음은 평소와 다르게 무거웠다. 마치 땅속에서 누군가 내 발을 끌어당기기라도 하는 듯했다. 땅바닥만 바라보며 걷고 있을 때, 누군가가 뒤에서 내 이름을 불렀다. 뒤를 돌아보니 나한영이 거기 서 있었다.

"빈나라가 고백했다며? 뭐라고 했어?"

"그게 너랑 무슨 상관인데?"

"……"

한영이는 아무 말 없이 내 얼굴을 뚫어져라 쳐다보았다. 나는 잠시 대답을 기다리다가 왠지 어색해서 그냥 돌아서서 가려고 했다.

"아직 늦지 않았다면, 내게도 기회를 줘. 나, 너 좋아한다."

"……."

두 녀석 다 너무 세게 나오는걸. 남들은 행복한 고민 한다고 하겠지만, 솔직히 나는 부담스러웠다. 내 의사와는 상관없이 둘이 싸우는 것도, 여자 아이들의 부러워하는 시선도 모두 다 부담스러웠다. 결국 나는 한영이에게 아무런 답도 주지 못했다.

② 힘에의 의지

집에 돌아와서도 내내 그 생각뿐이어서 통 밥을 먹을 수가 없었다. 그렇게 좋던 밥맛이 갑자기 사라져 버렸다. 이럴 수도 있는가. 엄마랑 아빠는 우리 딸이 다이어트하려고 하는 것 같다고 말씀하신다. 이제야 조금 여성스러워지려나 보다고 놀려 대기도 하신다. 오늘은 내가 특별히 좋아하는 낙지볶음이 밥상에 올랐는데……. 모든 게 빈나라, 나한영 이 녀석들 때문이다.

머리가 복잡할 때는 컴퓨터 게임이 최고다. 컴퓨터를 켜고 얼마

안 있어 아빠가 내 방에 들어오셨다.

"무슨 고민 있는 거냐, 우리 딸?"

나는 아빠에게 말씀을 드릴까 말까 잠시 고민을 했지만, 성인 남자의 상담이 필요하다는 생각에 이내 결심을 하고 입을 열었다.

"아빠, 남자들은 왜 싸움을 해요?"

"왜? 혹시 진영이 너 남자 애들이랑 싸웠니?"

아빠는 깜짝 놀라시면서 걱정스런 표정으로 물으셨다.

"그게 아니라, 우리 학교 짱들이 싸움을 했거든요?"

"뭐어? 너희 학교에도 혹시 일진이나 이진 같은 것이 있는 거냐? 이런, 큰일이구나."

우리 아빠는 늘 이렇게 한 발 앞서 가신다.

"아니, 우리 학교에서 공부 제일 잘하는 애랑 그 다음 정도 되는 애가 저 때문에 싸움을 했대요."

아빠는 안도하는 표정을 지으시더니, 너털웃음을 크게 터뜨리셨다.

"우리 딸 때문에 남자 애들이 싸움을 했다고? 흐음, 녀석들. 이제 사춘기라 이거지? 우리 딸 다 컸네, 하하하."

"아빠, 저는 심각하다고요!"

"흠흠, 미안 미안. 그럼 진지하게 얘기를 해 볼까? 누군가를 좋아하고 싫어하는 인간의 감정은 바로 '힘에의 의지' 때문이란다. 아빠가 독일어 공부한 거 알지? '힘에의 의지'라는 말은 유명한 독일 철학자 니체가 한 말인데…… 진영아, 니체라는 철학자에 대해 들어 본 적 있니?"

"에이, 아빠. 신인 그룹이면 몰라도 제가 철학자를 어떻게 알아요. 제가 아무리 기본 상식이 풍부하다고 해도 그렇죠, 헤헤. 근데 그 철학자가 왜요?"

아빠의 질문이 너무 뜬금없다고 생각했지만 남자 아이들이 왜 싸웠는지, 니체라는 사람이 답을 줄 수도 있겠구나 싶었다.

"니체는 독일의 유명한 철학자란다. '힘에의 의지'는 바로 니체가 한 유명한 말이지. 독일 말로는 '빌레 추어 마흐트(Wille zur Macht)'라고 한단다. 자, 따라 해 봐."

"빌레 추어 마흐트."

"발음하기가 어렵지?"

"네."

"니체는 사람뿐만 아니라 모든 생명, 그러니까 식물과 동물도 '힘에 대한 의지'를 갖고 있다고 했어. 식물이 싹을 틔우고 성장을 하는 것도 동물이 종족 보존 본능을 지니는 것도, 자신의 존립을 위해 힘을 얻으려는 의지 때문이라는 거야. 그리고 인간사회에서는 지배와 복종 관계가 형성되고는 하지 않니? 이처럼 니체는 서로 더 높이 오르려고 하는 과정에서 갈등이 생긴다고 보았단다. 그러다 보면 싸움도 하게 되고, 심한 경우에는 전쟁도 발생하는 거겠지? 돈을 더 가지려고 하는 것, 더 좋은 성적을 얻고 싶은 것도 모두 그 의지 때문이란다."

아빠의 말씀은 점점 어려워졌다. 내 이마엔 주름살이 잡히기 시작했다.

"아빠. 그래서 빌레 추어 마흐트가 빈나라와 나한영의 싸움에 무슨 관계가 있단 말이에요?"

"하하하. 아빠 생각엔 말이다, 아마 두 녀석이 우리 딸을 두고 그런 의지가 발동한 모양이구나. 기분 나쁘게 들릴지도 모르지만 남자들은 여자의 마음을 얻는 것으로 힘을 과시할 수 있는 계기를 삼기도 하거든."

"어렵긴 하지만, 내가 친구랑 싸울 때를 생각해 보면 조금은 이해가 돼요. 사실 사소한 것이지만, 싸움에서 이기면 내가 조금은 똑똑한 것 같기도 하고, 조금 잘난 것 같기도 하고, 그 친구보다 내가 조금은 위에 선 것 같은 느낌이 들거든요. 어쨌건 '힘에의 의지'라는 건 별로 좋은 게 아닌가 봐요, 아빠."

"아니, 그렇진 않단다. 그 녀석들이 너를 두고 경쟁한다는 얘기를 하다 보니 얘기가 그런 방향으로 흘렀지만, 사실 니체가 말한 '힘에의 의지'라는 것이 꼭 경쟁과 다툼만을 통해 자신의 존재를 지킨다는 의미를 가진 것은 아니야. 니체는 끊임없이 삶에의 의지를 가지고 한 곳에 머무르지 말며 부단히 앞으로 나아가라는 뜻에서 그 말을 한 거였어. 과거의 모습에 안주하지 말고 새로운 나를 찾아서! 어떠냐? 멋진 철학자 아니냐?"

갑자기 웅변가가 되신 아빠의 말을 들으니 머리가 더 복잡해지는 것 같았다.

"예예, 니체 추종자님. 이제 그만 나가 주시지요."

아! 이 난국을 어떻게 해결해야만 할까? 두 녀석 때문에 게임도 머릿속에 들어오지 않았다. 불쌍한 내 병사들만 죽어 나가고 있다. 이쯤에서 게임을 그만두는 게 내 병사들을 위한 길이겠지.

③ 동정과 이웃사랑

"딸! 일어나야지! 해가 중천에 떴는데 무슨 꿈을 그리도 오래 꾸는 거니?"

소스라치게 놀라서 일어나 보니, 온몸이 땀으로 흠뻑 젖어 있었다. 아빠는 걱정스런 표정으로 나를 흔들어 깨우고 계셨다.

"괜찮니? 무슨 꿈을 아침까지 땀을 뻘뻘 흘리면서 꾸니? 얼른 학교 갈 준비해야지."

시계를 보니 벌써 7시다. 꿈에서 빈나라와 나한영이 보였는데,

무슨 내용이었는지는 자세히 기억나지 않는다. 하여튼 꿈에서도 그 둘을 피해 무진장 도망 다녔던 것 같다.

밥은 먹는 둥 마는 둥 하고 서둘러 학교 갈 채비를 했다. 오늘따라 시간이 많이 걸렸다. 왜 이렇게 위아래 옷 색깔이 어울리지 않는 건지, 또 점퍼는 왜 이리 맘에 들지 않는지……. 이러다 지각할 것만 같다. 결국 이모가 예전에 사 주신, 그동안 입지 않고 처박아 두었던 나팔바지를 꺼내 입었다. 이래저래 맞춰 입고서, 거울 앞에 섰다. 어라? 이게 나? 어느 정도 시간을 들인 보람이 있어 보였다. 슬슬 자신감이 생겼다. 어느새 거울 속의 내가 웃고 있다.

언제나처럼 나와 함께 출근하기 위해 기다리고 있던 아빠는 나를 보고 깜짝 놀라는 표정을 지으셨다. 엄마 역시 놀라는 표정이시다. 두 분은 예쁘다는 말만 하시며 빙긋 웃고만 계셨다. 어젯밤 나와 나누었던 얘기를 아빠가 엄마에게 죄다 말한 것이 분명했다. 아빠에게 그런 비밀 얘기를 하는 게 아니었는데. 하긴, 이런 내 모습을 보고, 효정이와 지현이도 가만있지는 않을 것이다. 나는 어느 정도 각오를 하고 학교로 갔다.

아니나 다를까, 쉬는 시간에 효정이와 지현이가 나를 불러냈다.

"이야아, 빈나라하고 나한영이 대단하기는 한 모양이다. 이진영을 이렇게 만들다니."

"그러게. 효정아, 진영이 이런 모습 처음이지 아마?"

"아니야, 그런 거. 그냥 기분도 좀 그렇고 해서 분위기 전환 좀 한 거야. 오버하지들 마셔."

"아, 기분이 별로라서 이렇게 쫙 차려입으셨어?"

"빨리 말하라니까. 너, 빈나라하고 나한영 중에 누구야?"

효정이가 간지럼을 피웠기 때문에 나는 항복하지 않을 수 없었다.

"사실 나도 잘 모르겠는데, 둘 다 조금 신경이 쓰이긴 해."

"그럼 그렇지. 천하의 이진영도 어쩔 수 없구나, 꽃미남에게는."

"나도 내가 이렇게 될 줄은 상상도 못했으니까, 너희들이 놀려도 별 수 없다."

우리들은 웃으며 손에 손을 잡고 교실에 들어갔다. 그런데 첩첩 산중, 사면초가, 진퇴양난이라더니……. 나한영이 장미꽃 한 송이를 들고 내 책상 앞에 서 있는 것이었다. 정말 죽고 싶을 만큼 창피해서 나는 교실을 나오려고 몸을 돌렸다. 그런데 효정이랑 지현이 때문에 결국 그 꽃을 받고야 말았다.

"나한테도 기회를 줘. 그리고 오늘 너 참 예쁘다."

나한영이 그 말을 한 순간, 우리 반 여자 애들은 야유를 보냈고 남자 아이들은 토하는 시늉을 했다. 나는 다리에 힘이 풀리고 얼굴이 새빨개져서 그 자리에 멍하니 서 있을 뿐이었다. 수업 시간 내내 두 사람 때문에 마음이 혼란스러웠다. 그러다 보니 어느새 수업이 끝났다.

빈나라와 나한영이 교문 앞에서 나를 기다리고 있었다. 두 사람이 동시에 나를 바래다 줄 작정인 것 같았다. 빈나라가 내게 말을 붙였다. 뭐 흔해 빠진 질문들이었다. 사실 이런 상황이 싫은 건 아니었지만, 질문에 답 같은 건 하지 않았다.

그런데 갑자기 나한영의 모습이 눈에 들어왔다. 나한영은 조금 뒤로 쳐져서, 낯선 할머니와 얘기를 나누었다. 그러더니 잠시 후 내게 다가와서 미안하지만 오늘 집에 데려다 주지 못하겠다고 말했다.

약간의 관심이 생긴 나는 나한영의 뒷모습을 계속 주시했다. 나한영은 할머니께서 들고 계시던 짐을 들더니 할머니 팔을 잡고 어딘가로 향했다. 아마도 할머니의 짐을 들고 집까지 모셔다 드릴 생각인가 보다. 덕분에 나는 빈나라의 특별한 경호를 받으며 집에 돌아왔지만 왠지 마음은 조금 허전했다.

나한영이 그 할머니와 아는 사이는 아니었을 거야. 혹시 괜히 멋

진 척하려던 건 아닐까? 이런 생각을 하고 있던 나는 내가 옷도 갈아입지 않고 있었음을 깨닫고는 놀랐다. 이런 자신이 너무도 당황스러웠다.

자꾸 이상한 생각이 들어서 나는 그것을 쫓기라도 하듯 머리를 흔들었다. 그리고는 옷을 갈아입고 거실로 나갔다.

아빠는 텔레비전을 보고 계셨다. 텔레비전 화면에서는 부서진 건물에서 일하고 있는 사람들과 머리에 붕대를 감고 있는 소년이 눈물을 흘리고 있는 장면 등을 보여 주고 있었다.

"전쟁의 후유증이란 정말 무서운 거구나."

"불쌍해요. 저렇게 사람이 다치고 건물도 파괴되고, 좋은 일이 하나도 없는데 왜 사람들은 전쟁을 할까요?"

"전에 우리가 말한 적이 있지 아마? 사람은 더 많은 것을 가지려고 하고, 더 높이 오르려고 하기 때문에……."

"아! 빌레 추어 마흐트, 니체!"

"그렇지. 더 많은 힘과 권력을 가지려고 싸우지 말고 평화롭게 살면 좋을 텐데……. 진영이는 그 방법이 뭐라고 생각하니?"

"그거야…… 조금씩 양보하고, 조금만 가지면 되잖아요?"

"그러게. 우리 진영이도 알고 있는 사실을 왜 어른들은 잘 모르는 걸까?"

"어른들은 욕심꾸러기이잖아요."

갑자기 할머니의 짐을 들어 주던 나한영의 모습이 떠올랐다.

"오늘 친구가 어떤 할머니를 도와드리는 걸 봤어요."

"그래? 어떻게?"

"할머니의 짐이 무거우니까 들어다 드린 것 같아요."

"그 친구 참 멋지네. 다른 사람을 도울 줄 아니까."

"그렇죠? 멋있죠?"

"오, 우리 딸. 그 친구가 꽤나 맘에 든 모양이네."

"아빠……. 그게 아니라 요즘 사람들은 지하철이나 길거리에서 구걸하는 사람들을 봐도 눈길 한 번 마주치지 않고 외면하잖아요. 그런데 나한영은…… 아니, 그러니까 그 친구는……."

왠지 내 마음을 들켜버린 것 같아 얼버무리고 말았다.

"그래, 그래. 알았다, 알았어. 세상의 모든 사람들이 그 친구처럼 남을 도우며 산다면 얼마나 좋겠니? 많은 현자들은 이웃을 사랑하라고 강조했단다. 특히 기독교는 '이웃을 사랑하라'고 가르치지 않니? 빌레 추어 마흐트를 말한 니체도 이기적인 생각을 버리고 이웃을 배려하는 마음을 갖는 것이 중요하다고 했단다. 이기적인 생각을 버리고 남에게 베풀 수 있어야 한다고 말이야. 태양은 아무것도 요구하지 않으면서 이 땅에 빛을 보내지 않니? 그런 것처럼 스스로 베푸는 도덕이 최고의 도덕이라고 니체가 말했어. 참, 이기주의가 무언지는 알고 있지?"

"그럼요. 그런데 불쌍한 사람을 돕기만 하면 되는 건가요?"

"하지만 동정심만으로는 안 된단다. 왜냐하면 동냥하는 거지를 도와주면 그 거지는 동냥하는 손길에 의지해서 계속 게으르게 살 수도 있으니까 말이야."

아빠의 말씀은 내가 평소 생각하던 것과 같았다. 멀쩡하게 생긴 사람이 구걸하는 모습을 보면 정말 화가 났다.

"맞아요! 일하기 싫어서 구걸하는 사람들도 있잖아요. 그런 사람들은 도와주면 안 될 것 같아요. 그죠, 아빠?"

"흐음, 그렇지. 니체도 인간의 동정심에 대해 아주 심하게 말했단다. 힘없고 가난한 사람들을 무조건적으로 동정하는 것은 그들을 더욱 약하게 만드는 일이라는 거야. 그래서 니체는 약함에서 생겨난 모든 것을 악이라고 보았단다. 우리 중에는 남을 동정하면서 행복을 느끼는 사람이 있는 반면, 동정 받기를 원하는 사람도 있어. 니체는 이 두 가지 경우를 다 경계하라고 말했어. 무슨 말인지 이해되지? 베푸는 것과 동정은 다르단다. 그러니까 우리도 잘 생각해서 남을 도와야 해. 동정이 오히려 인간을 망칠 수도 있지 않니? 지하철이나 길거리에서 구걸하는 사람들 중에는 열심히 일한다면 스스로 돈을 벌 수 있는 사람들도 분명히 있을 거야. 나라에서 그런 사람들을 위해 일자리를 만들어 준다면 좀 더 장기적으로 빈민을 구제할 수 있는 대책이 되지 않겠니? 물론 노인이나 일을 하고 싶어도 그럴 수 없는 상황에 처한 사람들에게는 이웃으로서 따뜻한 사랑을 베풀어야겠지. 나한영이라고 했나? 그 친구처럼 말이다. 껄껄껄."

"아빠아!"

아빠의 놀림에 내 얼굴은 화끈화끈 달아올랐다.

"녀석. 정말 마음이 있나 보구나, 얼굴이 붉어진 걸 보니. 아무래도 한영이가 오늘 일로 점수를 많이 땄나 본데? 음, 아무튼 어려운 사람을 돕는 사람들이 많아야 건강하고 밝은 사회가 되겠지."

아빠는 부끄러운 내 마음을 알고 계신 건지 더 이상 놀리지는 않으셨다.

어떤 때는 어른들이 마법사처럼 느껴지곤 한다. 왜냐하면 가끔 엄마는 내가 아무런 말을 하지 않았는데도 다 알고 있는 것처럼

말씀하시곤 하니까. 나도 어른이 되면 다른 사람 마음을 꿰뚫어 볼 수 있을까?

저녁을 먹은 뒤에 아빠와 이야기를 좀 더 나누었다. 니체라는 철학자에 대해서 궁금한 것도 있고 해서 말이다. 이래 보여도 난 꽤 학구적이라고.

아빠와 긴 이야기를 나눈 뒤에 잠을 자려고 침대에 누웠지만 여전히 잠이 오지 않았다. 그래서 자리에서 일어나 특별한 일이 있을 때만 쓰는 일기장을 꺼내 니체 아저씨에게 편지를 쓰기 시작했다.

안녕하세요, 니체 아저씨.

저는 이진영이라고 해요. 아빠한테 아저씨 얘기를 많이 들어서 그런지 친근한 느낌이 들어요.

그런데 아저씨가 말한 '힘에의 의지' 때문에 머리가 너무 아파요. 나한영, 빈나라 두 친구가 저를 두고 싸운다지 뭐예요, 휴……. 사실 좋기도 해요. 그렇지만 둘 중 하나를 선택한다는 것은 쉬운 일이 아니에요.

참, 그런데 오늘 한영이의 새로운 모습을 발견했어요. 낯선 할머니를 도와주던 한영이의 모습이 아직도 눈앞에 아른거려……!

앗! 일기는 거기에서 멈추었다. 내가 지금 뭐라고 쓰고 있는 거야! 설마 내 마음이 한영이에게……?

4 참된 우정

전날 일기를 쓰면서 내 마음이 한영이 쪽으로 기울고 있다는 것을 깨달았다. 설레는 마음으로 다른 날보다 일찍 일어난 나는 세수도 정성껏 하고, 밥도 일찍 먹었다. 엄마는 나에게 무슨 좋은 일이 있느냐고 물으셨다. 내가 계속 콧노래를 흥얼거리고 있다고 했다. 나는 미처 깨닫지 못했다.

학교를 향해 가는 길은 평소와 다름없이 똑같았다. 하지만 영화 〈슈렉〉에서 슈렉이 살고 있는 숲속처럼 여기저기서 예쁜 새소리가 들리는 듯했고, 다른 날보다 은행잎은 더 노랗고, 길은 깨끗하게 정돈되어 있는 것처럼 느껴졌다.

교실에 들어서자 반 아이들은 평소와 마찬가지로 신나게 떠들고 여기저기 뛰어다니며 쿵쿵거렸지만, 그 소리가 더 이상 소음으로 들리지 않았다. 정말 신기한 일이다.

수업 시간도 어제와는 달리 빠르게 흘러갔다. 4교시가 되자 나는 가슴이 두근거리기 시작했다. 심장이 마구 뛰어서 혹시 옆 짝꿍에게 들리지나 않을지 걱정이 될 정도였다. 점심 시간에 나한영을 보게 되면, 앞으로 너와 잘 지내고 싶다고 살짝 말할 작정이었다.

수업 시간이 끝나는 종이 울렸다. 종소리는 내 마음속에 파장을 일으키며 울려 퍼졌다. 급식을 타려고 기다리고 있는데 나한영이 찾아왔다. 그런데 나한영 혼자가 아니라 빈나라도 함께였다. 이 녀석들 설마 점심시간에 싸우려는 걸까? 나는 곧 벌어질지도 모를 사태 때문에 안절부절못했다. 그런데 의외였다. 두 녀석은 아무렇지도 않은 표정으로 서로 어깨동무를 하는 게 아닌가!

"한영이와 나는 이제 너를 두고 경쟁하지 않기로 했어. 그렇다고 너를 좋아하지 않는다는 건 아니야."

엥? 이건 또 무슨 말이람! 나는 무슨 꿍꿍이야, 하는 표정으로 둘의 얼굴을 살폈다.

"나라 말이 맞아. 단지 네가 우리 둘 중 한 사람을 좋아하게 되면 그땐 나머지 한 사람이 깨끗하게 인정하고 물러나기로 했어."

"맞아. 한영이와 내가 우정을 저버릴 수야 없지."

두 녀석은 내 말은 들을 생각도 않고 어깨동무를 하고는 환하게 웃고 있었다. 나에게는 어떤 말도 할 기회를 주지 않고 자기네들끼리 결정을 해 버린 것이다. 황당하기도 하고, 한영이에게 마음을 털어놓을 기회를 놓친 것 같아서 실망스럽기도 했다. 그러나 난 성숙한 사람이다. 두 친구의 우정에 건투를 빌면서 한영이에게 하고 싶었던 말은 묻어 두기로 했다.

"짜아식들, 너희들이 이제야 좀 철이 들었구나. 그런 의미에서 이 누나가 피가 되고 살이 되는 이야기를 해 주지. 에헴, 잘 들어라. 니체 아저씨의 말이다."

참된 우정이란, 시기심과 질투심을 극복하고, 친구가 잘되기를 진심으로 소망하며 아픔을 함께하는 것.

"알았느냐, 요것들아? 하하하."

멋지게 한 마디를 남기고 뒤돌아서는 내 얼굴은 아쉬움에 울상을 짓고 있었지만, 뭐 아무렴 어때? 사랑은 짧고 우정은 영원하다고…… 앗! 이게 아닌가?

하여튼 이렇게 하여 우리 셋은 본의 아니게 참된 우정의 길로 빠져 들었다. 아! 니체 아저씨, 이것이 당신의 뜻이라면…… 흑흑!

철학
돋보기

니체는 '힘에의 의지'로 이 세계의 현상을 설명할 수 있다고 믿었습니다. 물리학의 세계에서는 에너지가 보존되지만 생명의 세계는 힘이 증가하는 쪽으로 변화합니다. 따라서 식물과 동물도 성장과 번식을 위해 점점 더 힘을 키워갑니다.

동물 중에서 가장 뛰어난 지능을 가진 인간도 예외 없이 권력을 추구하려고 합니다. 눈에 보이는 것, 예를 들어 좋은 집과 자동차뿐만 아니라 눈에 보이지 않는 사랑과 관심, 인기와 명예에 대해서도 욕심을 냅니다. 이러한 과정에서 경쟁은 피할 수 없으며, 그에 따른 싸움이나 전쟁이나 폭력 등은 늘 발생하기 마련입니다.

경쟁을 없애면 모든 문제가 해결될까요? 그건 아닙니다. 왜냐하면 더 많은 힘을 가지려고 하는 경쟁심은 사회를 더욱 건강하고 활력 있게 만드는 활력소가 되기 때문입니다. 만약 경쟁에서 이긴 사람이 더 많은 것을 갖지 못한다면, 사람들은 게을러져서 마냥 놀려고만 할 겁니다.

그러나 지나친 이기주의와 그에 따른 지나친 경쟁은 빈부의 격차를 크게 만들 수 있습니다. 하지만 니체는 불쌍한 사람을 도와주는 동정심만으로는 문제를 해결할 수 없다고 생각했습니다.

그래서 그는 이웃사랑을 실천하며 불쌍한 사람을 돌보고자 하는 기독교와 같은 종교단체를 비판했습니다.

반면에 니체는 아낌없이 줄 수 있어야 한다고 말합니다. 그것이 요즘 자주 거론되는 '기부 문화'의 정신적 바탕입니다. 돌아오는 대가가 없더라도 아낌없이 줄 수 있는 사랑과 배려의 중요성을 언급한 데서 니체의 통찰력을 엿볼 수 있습니다.

진짜 슈퍼맨을 만나다

_두 번째 에피소드

초인이란 필요한 일을 견디며 나아갈 뿐 아니라 그 고난을 사랑하는 사람이다.

– 니체 –

전교 1등을 놓치지 않지만, 왕따를 당하는 최고수!
어느 날 진영이는 최고수의 새로운 면을 발견하고 그에게 관심을 갖기 시작합니다. 모든 것을 극복하여 초인이 되고자 하는 고수에게는 어떤 사연이 있을까요?

비밀 노트 속 슈퍼맨

비밀 노트. 아무도 본 적 없는 그 노트를 나는 보고야 말았다.

사건의 전말은 이랬다.

나, 이진영은 어렸을 때부터 아주 사소한 일을 할 때에도 생각이 많았다. 예를 들면, 엄마 젖을 먹던 아기 때에도 여느 평범한 아기들처럼 쉴 새 없이 젖을 빨아 대지만은 않았다고 한다. 젖을 빨다가도 엄마의 가슴을 만지는가 하면 물끄러미 엄마의 얼굴을 바라보고 있기도 했단다. 그래서 사람들은 "고 녀석 참 신통하다. 어린 것이 뭘 그렇게 생각할 게 많다고⋯⋯."라고 말하고는 했다.

  그렇게 신통방통하던 나는 여섯 살이 되었을 때에는 어느 누구도 옆에 오기를 싫어할 정도로 쉴 새 없이 질문을 퍼부어서 어른들을 난처하게 만들었다고 한다. 그때부터 나는 일명, '생각하는 진댕'이라고 불렸다. 로댕의 '생각하는 사람'이 들으면 열 받아서 괸 턱을 풀고 벌떡 일어날 일이지. 하지만 나, 진댕이 이진영이 '내 팬티 어디 갔을까' 따위를 고민하지 않는다는 것은 모두들 알고 있다.

  초등학교 6학년에 재학 중인 지금, 신비에 싸여 있던 전교 1등 최고수의 그 비밀 노트를 드디어 펼쳐본 것이다!

  역사적인 날이어서 그런지 아침부터 심상치 않은 징조가 나타났다. 한바탕 쏟아질 듯 잔뜩 찌푸린 얼굴을 하고 있던 하늘이 시간이 지나고 나서부터 계속 눈물을 쏟아냈다. 일기예보에 비가 온다는 말이 없었기 때문에 우산을 가지고 오지 않은 친구들이 많았다. 일기예보란 늘 어긋난다는 사실, 사람들은 매번 일기예보에 속으면서도 그러한 사실을 잊어버리는 것 같다. 하긴, 일기예보를 믿을 수 없다고 항상 우산을 들고 다닐 수는 없는 노릇이지만.

학교 현관 앞에는 우산을 들고 아이를 기다리고 있는 엄마들이 많았다. 그런데 현관 앞에서 비가 내리고 있는 바깥 풍경을 노려보고 있는 누군가가 있었다. 최고수였다! 고수는 우산을 들고 있지 않았다. 그렇다고 자신을 기다리고 있는 누군가를 찾는 것 같지도 않았다. 친구들은 고수를 '최따'라고 불렀다. 공부 좀 한다고 잘난 척이 너무 심하다고들 수군거렸다.

나는 언제나 말이 없고, 친구들과 잘 어울리지도 않는 최따, 아니 최고수에 대해 잠시 생각에 잠겼다. 그때, 갑자기 어떤 아이 한 명이 고수를 치고 지나갔다. 하지만 그 아이는 고수에게 사과도 하지 않고 그냥 가 버렸다. 고수 또한 그 아이를 향해 어떤 분노도 표시하지 않았고, 우리 또래가 아무렇지도 않게 내뱉는 간단한 욕설 한 마디도 하지 않았다. 그저 무서운 표정으로 비만 바라보고 있었다. 마치 자기를 치고 지나간 것이 비라는 것 마냥.

아무튼 어떤 녀석이 고수를 치고 지나가는 바람에 고수가 옆구리에 끼고 있던 노트가 땅에 떨어졌다. 고수는 그 사실을 전혀 눈치 채지 못한 모양이었다.

고수는 그 노트를 항상 지니고 다녔지만 어느 누구에게도 보여 주지 않았다. 어느 누구도 노트를 본 적이 없기 때문에 노트에 대

한 괴소문이 눈덩이처럼 불어났다. 어쩌면 고수가 '최따'가 된 건 그 노트 때문인지도 모른다. 비밀을 함께 나누지 않으면서 고수는 아이들 사이에 '얄미운 녀석'이 되어 갔다.

아이들은 고수가 1등을 놓치지 않는 것이 모두 다 그 노트 때문이라는 터무니없는 상상을 했다. 아이들은, 비밀이 가득한 레오나르도 다 빈치의 노트처럼 무언가 비밀스러운 것이 숨겨져 있을 것이라고 생각하는 모양이었다. 사실 나도 그 노트에 무엇이 적혀 있는지 무척 궁금했다. 그랬기에…… 그 순간을 놓칠 수는 없었다.

나는 노트를 주우면서 슬쩍 노트를 훔쳐보았다.

위버멘쉬(übermensch)— 풍파가 없는 항해, 얼마나 단조로운가! 고난이 심할수록 내……

나는 노트 앞부분에 쓰여 있는 몇 구절의 글귀를 들여다보았지만, 못 본 척 노트를 고수에게 건넸다. 고수는 고맙다는 인사도 없이 거칠게 노트를 받아들고는 빗속을 뛰어갔다.

고수의 노트에 쓰여 있던 그 구절이 너무나 궁금해서 집에 돌아오자마자 내 방 컴퓨터 앞에 앉았다.

'위버멘쉬.'

자판을 두드리자 의외로 많은 정보가 화면에 떴다.

위버멘쉬(übermensch)는 인간(Mensch)을 넘어서는 자이므로 '넘어선 인간'이라는 뜻이다. 영어로는 오버맨(overman)이나 슈퍼맨(superman)으로 번역할 수 있다.

위버멘쉬는 또한 모든 것이 한 번뿐이라는 것을 아는 자이다. 그러므로 '한 번뿐'에 자기 자신의 전부를 결부시키려는 자이다. 매순간이 그에게는 끝이요, 시작이다. 니체는……

앗, 니체다! 바로 그 니체……!

그때 갑자기 철없는 동생 효동이가 보자기를 휘날리며 주위를 돌아다니기 시작했다.

"날아라!"

나는 버럭 소리를 질렀다.

"야, 좀 조용히 해."

"메롱."

"말을 말자, 유치한 놈. 열 살이나 먹은 놈이 아직도 유치원생들이나 하는 짓거리를 하면서 놀다니, 쯧."

다시 컴퓨터 화면으로 얼굴을 돌렸다. 그러나 그것도 잠시 효동이의 찢어질 것 같은 울음소리가 온 집안에 울렸다. 나와 엄마는 동시에 울음소리가 나는 곳으로 갔다. 효동이는 까불다가 넘어져 이마가 까져 있었다.

"효동아!"

엄마가 효동이를 부르자 효동이는 더 큰 소리로 울었다.

"엄마, 엄마가 달래니까 더 크게 울잖아요. 내버려 두세요."

"얘는 동생이 다쳤는데 무슨 말을 그렇게 하니!"

엄마는 효동이를 데리고 마루로 나가 까진 이마에 빨간약을 바르고는 호호 불어 주셨다. 목청이 터져라 울어 대던 효동이의 울음소리가 뚝 그쳤다.

엄마란 참 신기한 사람이다. 아프던 곳도 엄마가 호, 불어주면 금세 괜찮아지고, 힘든 일도 엄마가 하면 뚝딱 처리된다.

'도대체 엄마들은 무슨 수를 쓰는 것일까?'

마루로 나가 보니 효동이는 언제 울었냐는 듯이 과자 봉지를 발 사이에 끼우고 양손에 과자를 들어 입이 미어지도록 먹고 있었다.

어이가 없었다.

울고불며 나 죽는다고 소리치던 것이 불과 5분 전인데 효동이는 그새 좀 전에 다친 이마는 아무렇지도 않은 듯 신나게 과자를 먹으며 다시 텔레비전을 보고 있었다.

"엄마, 쟤 왜 저런 거예요?"

"아까 만화에 슈퍼맨이 나왔거든. 그거 흉내 낸다고 보자기를 목에 두르더니, 식탁 위에서 떨어진 모양이다."

"어휴, 지가 무슨 슈퍼맨인 줄 아나? 만화가 애들 다 버린다니까요."

"누가 들으면 너는 애 아닌 줄 알겠다."

"저야 다 컸죠. 이렇게 정신 연령이 높은 초등학생 보셨어요?"

"아이구, 알았습니다. 진댕 씨."

나는 헛기침을 하며 효동이의 과자 봉지에 손을 집어넣었다. 내가 좋아하는 계란과자였다. 하지만 효동이는 과자 봉지를 한 손에 움켜쥐더니 주려고 하지 않았다. 어쭈! 내가 아무리 여자여도 네 깟 것한테 질까 봐? 그런데…….

"아야!"

효동이가 내 손목을 잡아 틀었다.

"먹고 싶으면 사다 드셩. 왜 동생 간식에 손을 대시나?"

알미운 놈. 깐죽대는 효동이의 머리를 한 대 쳤다.

"우왕, 엄마! 누나가 안 그래도 다친 제 이마를 마구 때려요!"

울면서 이렇게 구체적으로 상세하게 고자질하는 인간은 살다 살다 처음 봤다.

"이진영!"

엄마의 날카로운 목소리가 들렸다.

"정신 연령이 그렇게 높으신 분이 그깟 과자 때문에 폭력을 휘두르니?"

"폭력이라뇨! 그러니까 음…… 계란과자는 내가 유일하게 좋아하는, 계란에 단백질이 얼마나 많이 들었는데…… 이 자라나는 어린이에게 더 많은 영양소를 공급……."

"그만! 또 시작이다! 너에게는 영양이 더욱 많은 멸치조림을 줄 테니 조금만 기다려라! 저녁 다 됐으니까."

이번에도 나는 엄마에게 멋지게 한방 먹었다.

'먹을 것 하나에 누나를 폭력배로 만들다니. 본능에서 벗어나지 못하는 유치한 놈!'

이런 말이 목구멍까지 차올랐다. 왜 엄마 아빠가 나 하나에 만족하지 못하시고 저런 골치 덩어리를 낳으셨는지에 대해 진지하게 생각해 보리라고 나는 다짐했다.

 텔레비전을 보며 저녁 식사가 준비될 때를 기다렸다. 텔레비전 화면에는 훈련 중인 박주영 선수의 모습이 비쳤다. 아나운서는 최근 인터넷 사이트에서 박주영 선수의 발이 화제가 되고 있다고 말했다. 아나운서의 설명과 함께 화면 위쪽에는 박주영 선수의 발 사진이 올라와 있었다. 그 발은 사람의 발이 아닌 것 같았다. 성한 곳이 하나도 없을 정도였고, 기형적인 모습을 하고 있는 발가락도 있었다.

 "이진영!"

 아빠였다.

 "아빠, 오셨어요?"

 "그래, 뭘 그렇게 열심히 봐?"

 "저기 사진 좀 보세요."

 "누구 발이야?"

 "박주영 선수 발이래요."

 "아이구, 사람 발이 아니네. 얼마나 연습을 했으면……."

 "대단하죠? 아빠 저런 사람을 보고 '위버멘쉬'라고 하지 않을까요?"

"뭐……멘쉬?"

"위버멘쉬! 슈퍼맨! 니체 말이에요. 니체가……."

"우리 똑똑한 따님 덕분에 이거야 원, 아빠 밑천 다 드러나겠네. 오늘은 엄마랑 얘기하시지요, 진댕님. 네 엄마 철학과 나왔잖니. 이제 보니 우리 진영이가 당신 닮은 거 아냐?"

엄마가 철학을 전공했다는 사실이 믿어지지 않았다. 저렇게 멸치만 볶고 있는, 이 세상에 일어나는 불행이나 슬픔은 관심조차 없는, 오로지 빨래, 청소만 하시는 분이 철학을 전공하셨다니! 거짓말 같았다.

엄마는 나의 그런 마음을 아신 모양이었다.

"이진영! 아빠가 이 엄마한테서 배운 지식으로 네 앞에서 아는 척 좀 하셨나 본데, 니체는 너희 아빠가 아니라 이 엄마의 전공이란다. 알겠니?"

쉴 새 없이 퍼붓는 나의 무차별 질문 쇄도에도 지금까지 엄마가 나를 상대할 수 있었던 것은 아마도 철학도로서의 자질을 갖추고 계셨기 때문이었을지도 모른다는 생각이 들었다.

"이진영, 위버멘쉬는 니체가 말한 '힘에의 의지'……. 아, 그런데 '힘에의 의지'가 뭔지 아니?"

"네, 알아요. 인간이 살아가기 위해 갖는 힘, 그 의지를 말하는 거잖아요. 저번에 아빠랑…… 어? 아빠는 자리를 피하셨군."

어느새 아빠는 방으로 들어가고 안 계셨다.

엄마가 계속 말씀하셨다.

"그 '힘에의 의지'에서도 가장 순수한 의지, 유일한 가치의 최고 상태를 초인, 정확히는 독일어 위버(über)와 멘쉬(mensch)가 합해진 단어인 위버멘쉬라고 하지. 위버는 넘어감, 우뚝 솟음, 뭐 이 정도 뜻이고, 멘쉬는 원래 인간이란 뜻인데 좀 더 나아가서 과거의 나 혹은 비속한 인간 유형, 안주하는 자들이란 뜻까지 포함한단다. 결국 위버멘쉬란! 어느 한 곳에 고정되지 않고 부단히 노력하고 극복해서 새로운 나로 넘어가는 과정을 이야기하는 것이란 말씀이지. 어때, 이진영? 좀 이해가 되시나?"

나는 입을 쩍 벌리고 엄마의 얘기를 듣고 있었다. 우리 엄마가 이렇게 멋져 보일 수가!

"진댕 씨, 침 좀 닦으시죠. 초인이란 말은 니체가 《차라투스트라는 이렇게 말했다》라는 책을 통해서 의미심장하게 사용한 후부터 많은 사람들이 알게 됐지. 니체는 모든 사람이 초인이 될 수는 없다고 했어. 진실로 용기 있는 자만이 험난한 길을 헤쳐 나가 초인이 된다고 했지. 자, 그럼 나는 우리 가족의 '삶에의 의지'를 북돋아 초인이 되는 데 도움을 드리기 위해서 저녁 준비를 계속하도록 하겠습니다."

엄마는 저녁을 드시면서도 효동이의 이마가 걱정되셨는지 효동이를 위해 이것저것 챙겨 주시며 걱정 반 잔소리 반, 한 마디로 철 좀 들라고 타이르셨다. 나는 밥은 먹는 둥 마는 둥 그런 엄마를 지켜보았다. 그리고 나와 동생을 키우며, 집안을 행복하게 꾸리고 계신 엄마 또한 초인이 아닐까 생각했다. 평범하지만, 잘 알려지지 않은 초인. 오늘 밤엔 엄마를 붙잡고 니체의 초인을 완전 정복하리라!

② 더러운 강을 지나 넓은 바다로

'끼이익!'

칠판을 손톱으로 긁을 때 나는 소리가 반 아이들의 귀를 찢어 놓았다. 반에서 작은 축에 속하는 동철이 놈의 짓이다. 여자 아이들은 얼굴을 찌푸리고 소리를 질렀다.

'아직도 유아기에서 벗어나지 못했군.'

재미있다는 표정을 짓고 달아나는 동철이를 보니 녀석의 정신연령이 의심스러웠다.

여자 아이들은 자기네들끼리 모여서 수다를 떨고 있다. 그리고 일명 '거울공주'라고 불리는 여자 아이는 거울을 들여다보며 남의 시선은 아랑곳하지 않고 입 꼬리를 옆으로 늘리며 미소 짓는 연습을 하고 있었다.

"공주 노릇 그만 좀 하시지?"

거울공주의 귀에도 틀림없이 들렸을 법한 소리였다.

"내가 거울 보는데 네 허락을 받아야 하니?"

그 예쁘던 입에서 제법 앙칼진 소리가 튀어나왔다. 그 소리에 기가 죽은 탓인지 거울공주를 비아냥거리던 아이는 입을 다물었다.

하지만 거울공주는 자신에게 딴죽을 걸었던 아이를 끝내 찾아내고야 말겠다는 선언을 했다.

"누구야? 당당하게 말하지도 못할 거면서 그런 말은 뭐하려고 하니? 누구야! 당장 나와!"

"조용히 좀 해 줄래?"

그 목소리는 조금 전에 거울공주를 비아냥거리던 허스키한 목소리가 아니었다. 최고수의 목소리였다. 그런데 고수의 이 발언은 거울공주에게 도전장을 던진 것이나 다름없이 되어 버렸다. 잠깐 거울공주와 고수 사이에 침묵이 흘렀다. 아니, 그 둘뿐만 아니라 반 아이들 모두 팽팽한 긴장 속에서 침묵을 지켰다. 누군가 침을 꼴깍 삼키는 소리가 잠깐 들리기는 했다.

거울공주는 무섭게 고수를 노려보았다.

"참, 기가 막혀서. 주제도 모르고……."

반 아이들 모두가 그 말을 들었다. 하지만 당사자인 고수는 그 말을 듣지 못한 것처럼 아무런 반응도 보이지 않았다. 그러자 아이들이 수군거리기 시작했다.

"무섭다, 무서워."

"정말, 독하긴 독하네. 그러니까 지 스스로 우리를 왕따시킨다 이거지?"

아이들은 오히려 화살을 고수에게 날렸다. 그런데 거울공주 또한 고수에게 질세라 어떤 말도 하지 않았다. 몇 초, 아니 몇 분인지도 모른다. 숨 막히는 시간이 흘렀다. 그런데 갑자기 교실 문이 열렸다. 반 아이들과 마찬가지로 나 역시 안도의 한숨을 내쉬지 않을 수 없었다. 우연하게도 우리를 팽팽한 긴장 속에서 구출해 준 사람은 오늘 하루 일일 교사로 오신 경찰관 아저씨였다.

"여러분, 요즘 학교 내에 왕따, 폭력 문제가 심심치 않게 발생하고 있어서 특별히 학부모님 중에서 도움을 주실 수 있는 분을 모셔왔습니다."

선생님의 말씀이 끝나자 아저씨는 우리 식으로 인사를 했다.

"하이룽! 요즘 어린이들은 이렇게 인사한다는데 맞나요?"

반 아이들이 일제히 "에이, 뭐야." 하고 웃음을 터뜨렸다.

"하하, 아저씨가 너무 시대에 뒤떨어졌나요? 그럼 이야기를 시작해 보죠. 지금 이 시간에도 혹시 여러분 중에는 친구들 모르게 폭력에 시달리고 있다든지, 왕따를 당하고 있으면서도 말하지 못하고 고민하는 친구가 있을지도 몰라요. 그럼 하나 물어보겠는데 왕따를 왜 시키죠?"

"잘난 척하니까요?"

"너무 나대요."

아이들의 말이 그치기를 기다렸다가 경찰관 아저씨가 말씀하셨다.

"맞아요. 나보다 잘난 사람을 보면 괜히 심통이 나요. 그렇죠?"

아이들은 시원스럽게 그렇다고 대답하고는 자기들끼리 키득거리기도 했다.

"왜 속담에도 이런 말이 있잖아요. 사촌이 땅을 사면 배가 아프다. 같은 핏줄끼리도 그런데 남이 그렇다면 얼마나 배가 아프겠어요?"

"맞아요!"

동철이가 깐죽거렸다. 아이들 입에서 동철이를 흉보는 소리가 튀어나왔다. 여자 아이들도 대부분 동철이를 노려보았다.

"자자, 지금 저 친구의 태도에 여러분 모두 갑자기 짜증이 나고 얄밉다는 생각이 들었죠?"

아이들이 일제히 '와아!' 하고 웃음을 터뜨리며 맞는 말이라고 소리쳤다.

"세상을 살다 보면 자기 성격과 맞지 않는 친구를 만날 수도 있고, 심술궂은 친구를 만날 수도 있어요. 누구나 그런 경험이 있을 거라는 생각이 드는데…… 그렇죠? 하지만 그 친구가 못생겼다고 혹은 자기 마음에 들지 않는다고 왕따를 시키면 그 친구는 상처를 받겠죠. 왕따를 시키는 건 남의 행동이나 말이 자기 기준에 맞지 않다고 생각했기 때문이에요. 그럼 결국 그것은 왕따를 시킨 그 사람의 자기중심적인 생각의 결과라고 볼 수 있어요. 그렇지 않나요?"

아이들은 아무 말이 없었다.

"이 세상에는 수많은 사람이 있어요. 그리고 사람들은 모두 각양각색이에요. 사람들마다 독특한 개성을 가지고 있기 때문에 다른

사람의 눈에 거슬리는 행동을 할 수도 있어요. 하지만 눈에 거슬리는 말과 행동을 한다고 해서, 또 자신과 맞지 않는 생각을 가지고 있다고 해서 왕따를 시킨다면, 이 세상 모든 사람은 한 사람의 예외도 없이 모두가 왕따가 될 거예요. 그렇지 않나요, 여러분? 자, 그럼 우리는 어떻게 살아가야지 바람직한 삶을 살 수 있을까요?"

"바다와 같은 포용력을 가져야 합니다."

나는 큰 소리로 외쳤다. 여기저기서 장난 반, 진심 반의 감탄사가 터져 나왔다. 주무시려는 엄마를 붙들고 밤새 니체에 대한 이야기를 들은 것이 이렇게 쓸모가 있을 줄이야, 으흐흐. 엄마, 땡큐.

"제가 하고 싶은 말을 저 친구가 대신해 주었네요. 맞아요. 저는 오늘 니체라는 철학자가 한 이야기를 여러분에게 들려주려고 합니다."

또 니체였다. 아! 니체를 알고 난 뒤부터 세상이 이렇게 달라지다니. 니체 철학으로 안 되는 게 없군.

경찰관 아저씨는 목을 한번 가다듬은 후 말씀하셨다.

"니체는 인간을 더러운 강에 비유했습니다. 기분이 좀 나쁜가요? 하지만 강물은 고이지 않고 계속 흐르죠. 결국 멈추지 않고 계속 흘러서 바다에 도착하게 되면 넓은 바다는 오랜 시간에 걸쳐 스스로를 정화하여 다시 깨끗해집니다. 모든 더러운 것을 포함하고도 스스로 깨끗해지는 바다는 무엇을 의미할까요?"

"더 넓은 마음을 가지고 바다처럼 모든 것을 포용하여 사람들이 서로 다르다는 것을 인정하고 배려해야 한다는 뜻입니다."

이번에는 일부러 거울공주 쪽을 힐끗 쳐다보며 이야기했다. 뭔가 좀 깨달아라, 공주야. 응?

"맞아요. 파도가 넘실대는 넓은 바다를 보면 우리의 마음도 탁 트이죠? 전 여러분이 그런 바다와 같은 사람이 되길 바랍니다."

일일 수업이 끝나자, 선생님이 경찰관이신 학부모님께 감사의 말씀을 전하고 우리는 박수를 쳤다. 경찰관 아저씨의 말씀을 듣는 동안 반 아이들의 표정이 밝아졌다. 경찰관 아저씨의 가르침대로 남을 배려하는 마음을 가슴에 새겨 두는 듯했다.

나는 유리창에 입김을 불어서 그 위에 '니체'라고 썼다.

수업이 끝난 뒤 갑자기 웅성거리는 소리가 들려왔다. 교실 한쪽에 서 있는 최고수의 얼굴이 분필가루로 얼룩져 있었다. 일부러 그런 건 아닌 것 같았다. 칠판을 닦던 아이들끼리 장난을 하던 중에 고수의 얼굴로 칠판지우개가 날아간 모양이었다.

"야, 최따, 그러니까 누가 거기 서 있으래?"

"그런 곳에 서 있으니까 맞지?"

아이들은 사과는커녕 오히려 고수를 나무랐다. 그런데 공교롭게도 칠판지우개를 던진 장본인이 거울공주여서 일이 커질 것만 같았다.

"더러운 강물……."

"뭐?"

나는 거울공주가 무슨 일을 저지르기 전에 이 사태를 막아야겠다고 생각했다. 마침 동철이가 거울공주에게 바닥에 떨어진 거울을 건넸다. 그 틈을 타서 나는 얼른 고수의 팔을 붙들고 교실 밖으로 나왔다. 그렇지만 고수는 나의 손을 뿌리치더니 얼굴을 보지도 않고 말했다.

"모든 열등한 사람들은 멸망해야 한다. 모든 인간이 그것을 도와야 한다. 니체가 한 말이야. 저런 애들하고 같이 있는다는 것 자체가 수치스러워."

누군가에게 한 대 얻어맞은 것 같은 기분으로 집에 돌아왔다. 좀처럼 그 기분에서 헤어날 수가 없었다. 그것은 일종의 패배감이었고, 밑을 볼 수 없는 캄캄한 우물 속에 빠진 것 같은 낭패감이 있었다.

어떻게 그렇게 잔인한 말을……. 그런 말을 정말 니체가 했을까? 잊지 말고 엄마한테 꼭 물어봐야지.

집에 들어서자 내 기분을 알기라도 하는 듯 양순이가 꼬리를 흔들며 다가와 앞발을 들고 재롱을 부렸다. 양순이가 앞발을 드는 것은 신발을 신고 밖으로 나가자는 신호다. 나는 양순이의 발에 헝겊으로 만들어진 신발을 신기고 양순이의 목에 줄을 걸었다. 양순이는 자신의 바람이 이루어졌다는 것을 알았는지 줄을 채우는 동안 얌전히 있었다. 코끝과 손끝이 시릴 만큼 밤공기가 찼다. 양순이가 재채기를 했다.

"얌마…… 미안! 양순 양, 네가 사람인 줄 아니? 아니다, 네가 말을 못하니까 더 편하다. 아무 말이나 해도 되고……."

나도 양순이를 따라 재채기를 했다. 양순이의 꼬불거리는 하얀 털이 바람에 흔들렸다. 아무래도 안 되겠다 싶어 양순이를 품에 안았다. 양순이가 몸을 부르르 떨더니 나의 팔에 꼭 안긴 채 가만히 얼굴을 묻었다.

육교를 거의 다 내려왔을 때, 양순이가 갑자기 품을 박차고 나갔다. 육교 아래에 사람이 쭈그리고 앉아 있었다. 어둠 속이라 얼굴이 잘 보이지 않았다. 술에 취한 사람이라고 생각했다. 나는 달려가서 살짝 흔들어 보았지만 꿈쩍도 하지 않았다.

"어떡하지, 양순아? 아저씨가 안 일어나시네. 경찰에 신고해야 할까?"

이러지도 저러지도 못하고 서 있을 때, 누군가 이쪽으로 걸어오는 것이 보였다. 더럭 겁이 났다. 그래서 나도 모르게 한 발자국 뒤로 물러섰다. 그리고는 양순이를 껴안았다.

"겁 많은 진댕님이시네."

"어? 너는……."

"말도 제대로 못하면서…… 그런 애가 잘난 척은……."

"고수야!"

이런 상황에서 고수를 만난 게 신기하고 놀라웠다. 그런데 더 놀라운 일이 벌어졌다. 고수가 술 취한 아저씨의 팔을 붙잡고 일으켜 세우려고 하는 것이었다.

"뭐해? 도와주지 않고."

"어? 응."

내가 조금 거들자 고수는 아저씨의 팔을 자신의 어깨에 두르고 능숙하게 발걸음을 떼기 시작했다. 고수가 또래 남자 아이들보다 키가 좀 크긴 했지만, 자기보다 덩치도 크고, 거기에다 술까지 취한 사람을 저렇게 능숙하게 다룰 수 있다는 데 또 한 번 놀랐다. 마치 고수가 거인처럼 느껴졌다. 아주 무거운 짐을 지고 가는. 하지만 고수의 뒷모습은 무척 힘겨워 보였다.

역시나 몇 걸음 가다가 멈춰 섰다. 넋을 잃고 바라보고 있는 나를 뒤돌아보며 고수가 말했다. 한 번도 본 적이 없는, 조금은 슬픈 눈을 하고서…….

"우리 아빠야. 늘 이 모양이지. 근데 난 꼭 이 모든 것을, 아니 나를 극복하고 말거야. 난 정지하지 않거든. 앞으로 나아갈 뿐이지……."

다시 예전의 차가운 고수다. 그렇게 고수는 다시 어둠 속으로 사라져 갔다.

❸ 나를 극복하고 무지개를 날아서

나를 제외한 반 아이들은 선생님께서 고수가 결석했다는 얘기를 한 후에야 고수가 오늘 학교에 나오지 않았다는 사실을 알게 된 것 같았다. 반 친구들에게 고수는 그런 존재였다.

나는 약간 서글퍼졌다. 어제 일이 계속 마음에 걸렸다. 작은 웅성거림이 일어났다. 결석 한 번 않던 아이였으니까 애들도 이상하긴 한 모양이었다. 선생님은 가볍게 탁자를 치고 말씀하셨다.

"자, 조용히! 고수 아버님이 위독하시다고 한다. 그래서 우리가 고수를 도왔으면 한다. 고수네 형편이 조금 힘드니까 같은 반 친구끼리 돕는 건 당연한 거겠지?"

선생님께서 조회를 마치고 나가시자 아이들은 여러 가지 반응을 보였다.

"뭐야, 그러면서 잘난 척한 거야?"

"그러엄. 자존심 빼면 시체잖냐, 개가."

"어찌됐건, 우리가 고수를 좀 무시했던 건 사실이잖아."

"왜 갑자기 그런 말을 하는데?"

"우리가 뭘 그렇게 잘못했냐? 개를 때린 것도 아닌데."

"때리는 것만 폭력이냐? 우리가 좀 심했던 건 사실이잖아."

친구들은 이내 입을 다물었다. 날씨 탓인지 반 친구들은 다른 날보다 말수가 적었고, 먼지를 일으키며 장난을 치는 녀석들도 없었다. 하늘은 우중충하게 회색빛 얼굴을 내밀고 우리를 내려다보며 꾸짖는 것 같았다.

어느새 비가 내리고 있었다. 일기예보가 오랜만에 제대로 들어맞았다. 아이들 손에는 우산이 하나씩 들려 있었다. 하지만 헐레벌떡 뛰어나오느라 우산을 챙기지 못한 나는 멍하게 하늘을 쳐다보다가 그냥 비를 맞기로 했다.

가방을 머리에 얹고 전력질주를 시작했다. 그런데 육교를 거의 다 건넜을 때쯤 누군가 우산을 씌워 주었다!

고수였다! 다른 때처럼 고수는 나를 피하지 않았다.

"너 정말 바보구나. 우산도 안 가져 오고, 똑똑한 체하더니……"

나는 고수와 보조를 맞춰 걸었다. 그 어떤 말도 입 밖에 낼 수가 없었다. 그래야만 할 것 같았다. 우산에서 떨어진 빗방울이 땅에 부딪히며 산산조각 나는 것을 지켜볼 따름이었다. 그 모습을 지켜보고 있으려니 괜히 속이 상했다. 그때였다. 갑자기 고수가 우산을 접었다. 그리고 우산에 맺혀 있던 빗방울들을 나에게 뿌리는 것이었다.

"정신차리셔! 누가 죽었니? 아님 세상이 무너졌니?"

고수가 그 말을 하자, 기다렸다는 듯이 비가 그치고 어둠이 가셨다. 그리고 어디선가 시원한 바람이 불어왔다. 그 바람은 나와 고수의 얼굴을 씻어 주었다. 나는 고수에게 뭔가 말을 해야 할 것 같은 기분에 휩싸였다. 그리고 가슴 밑바닥에서부터 용기가 불끈 솟아났다.

"극복하는 사람은 검은 구름을 뚫고 나오는 번갯불과 같다! 우리는 먹구름 뒤에 맑은 하늘이 있다는 것을 잊고 산다! 우리의 인생에도 맑은 날이 있고, 흐린 날이 있다! 비가 개면 다시 맑은 하늘을 볼 수 있다! 그 순간까지 꿈을 포기하지 말고 기다려라!"

"푸핫, 이진영! 너 웅변대회 나가냐?"

이런! 너무 긴장한 나머지 웅변을 해 버렸네. 엄마에게서 밤늦게까지 들었던 니체에 대한 이야기 속에서 기억해 낸 말이었다. 나름대로는 제법 멋지게 말하고 싶었다. 이그, 바보 이진영…….

"그러니까 말이지, 그게. 음, 너도 잘 아는 니체가 그렇게 말했다 이거야. 네가 전에 말한 열등한 사람은 다 멸망해야 한다는 얘기 있잖아. 그 말도 원래의 속뜻은 그렇게 잔인한 의미가 아니라……."

"자기 자신을 극복해서 앞으로 나아가려 하지 않고 현재에만 안주하려는 사람들은 초인이 될 수 없다, 그런 의미지."

고수가 내 말을 낚아챘다.

"어라! 그렇게 잘 아는 애가……."

하마터면 '그렇게 재수 없게 굴었니?' 라는 뒷말을 내뱉을 뻔했다. 이놈의 입! 나는 괜한 말실수로 고수와 이야기할 수 있게 된 기회를 놓칠까 봐 얼른 입을 다물었다.

"아이들 속에서 열등감을 느꼈던 건 바로 나였던 것 같아."

갑자기 고수가 쓸쓸하게 웃으며 말했다.

"엄마는 내가 어렸을 때 집을 나가셨고, 아빠는 힘든 일에 지쳐 매일 밤을 술로 지새웠어. 평범한 집에서 자라는 평범한 아이들이 너무 부러웠어. 하지만 그러면 그럴수록 왜 나만 이래야 하나 하는 생각에 점점 나를 닫아 버린 거 같아. 니체를 좋아하게 된 것도 어려운 상황을 모두 이겨내고 스스로 초인이 된다는 이야기가 너무 좋아서였어. 나한테는 아무도 없으니까. 혼자니까……."

너무나 솔직하게 자신의 얘기를 털어놓는 고수에게 난 무슨 말을 해야 할지 조금은 당황스러웠다. 다행히 고수가 다시 입을 열었다.

"어제 경찰관 아저씨의 말처럼 사람은 혼자 살 수 없는 거잖아? 내 이웃도 사랑하지 못하면서 내가 어떻게 나를 극복하고 초인이 될 수 있겠어. 안 그래?"

아, 다행이다. 고수의 얼굴이 밝아졌다.

"그런 의미에서 이진댕! 아니 이진영! 너부터 나랑 친구 하자!"

오호! 최고수한테 이렇게 박력 넘치는 면이…….

"그래, 최고수! 너 오늘 땡잡았다. 누나가 친구 해 주마. '나의 형제여! 자신을 초월하고자 하는 자를 나는 사랑하느니……."

"이진영! 이제 니체 흉내는 그만 좀 내시지. 지금 이 순간만큼은 불어오는 바람을 그냥 한번 느껴 보자구!"

나와 고수의 웃음소리는 바람을 타고 멀리멀리 퍼졌다. 그곳에는 일곱 빛깔의 무지개가 반짝반짝 빛나고 있었다.

'무지개는 높은 경지로 통하는 사다리다.'

어디선가 니체의 목소리가 들리는 듯 했다.

　니체가 꿈꾼 위대한 인간의 모습을 나타내는 '위버멘쉬(übermensch)'라는 독일어에 대해서는 여러 가지 번역이 있습니다. 처음에 일본어로 번역되었을 때에는 '초인(超人)'으로 사용되었습니다. 영어로는 '슈퍼맨(superman)'이나 '오버맨(overman)'으로 번역되는데, 둘 다 영화를 떠올리게 하거나 은어인 '오버한다'는 어감이 있어 요즘에는 그냥 독일어 발음인 위버멘쉬로 읽는 것으로 통일되었습니다. 그러나 초등학교에서 초인이라는 용어를 현재 사용하고 있어서 책에도 초인을 사용했습니다. 뜻을 봐서는 '극복하는 사람'이 가장 적합합니다.

　'극복'에서 가장 중요한 것은 동물에서 인간으로, 인간에서 다시 위버멘쉬로 넘어가는 과정입니다. 그 변화를 설명하기 위해 니체는 낙타와 사자, 그리고 어린아이를 비유로 들어 설명했습니다. 낙타가 짐을 싣기만 하고 시키는 대로 일을 하는 노예라면, 사자는 주인이 시키는 것을 부정할 수 있는 자유를 갖습니다. 어린아이는 물가에서 노는 순수한 존재로, 망각하면서 새롭게 출발하는 능력을 갖습니다.

　인간이 온갖 하수구와 오물이 섞인 강이라면, 바다는 그러한 쓰레기를 담고도 썩지 않는 공간입니다. 그렇게 모든 것을 간직하면서도 조화와 정화를 이루는 바다의 능력이 바로 위버멘쉬의 능력입니다. 또한 하늘의 먹구름을 인간에 비유한다면, 그것을 뚫고 내려오는 번개가 바로 위버멘쉬입니다. 그리고 비가 오면 우울한 기분은 사라지고, 그 위에 펼쳐지는 무지개는 새로운 희망을 줍니다.

니체의 위버멘쉬는 동물과 같은 욕망에서 벗어나서 어린아이처럼 놀 수 있으면서 자유롭고 죄의식이 없는 존재를 말합니다.

신데렐라는 싫어!

_세 번째 에피소드

이것이 생이었더냐. 자, 그렇다면 다시 한 번!

― 니체 ―

큰일 났어요!
똑같은 일이 자꾸만 반복돼요.
도망칠 수도 없고, 벗어날 수도 없어요.
어떻게 해야 하죠?

① 호기심 덩어리

엄마는 효동이와 나를 데리고 시장에 가는 걸 좋아하신다. 물론 나도 가끔은 시장표 떡볶이나 순대 등이 먹고 싶어 엄마를 따라나서지만 요즘에는 혼자만의 시간을 갖는 게 더 좋을 때가 많다. 그래도 딸 된 도리로 엄마를 기쁘게 해 드리려면 그 정도 희생은 해야겠지?

그날도 나는 엄마 손을 잡고 걷는 효동이와 조금 거리를 두고 걸으며 시장을 보러 가고 있었다.

'쟤는 어쩜 저렇게 마마보이일까?'

이런 생각을 하며 걷고 있는데 갑자기 엄마가 어딘가로 뛰어가시더니 작은 리어카 앞에서 아이처럼 환하게 웃으셨다.

오천 원에 열 개 하는 양말이라도 파나? 어슬렁거리며 리어카로 걸어갔다.

아폴로, 쫀쫀이……. 처음 보는 과자들이 작은 리어카에 가득 쌓여 있었다. 엄마는 두 눈을 반짝이며 요리조리 보시더니 더 사고 싶은데 아쉽다는 표정을 지으며 결국 몇 개를 손에 드셨다. 아저씨는 천 원짜리 하나를 받고 엄마가 고른 과자를 까만 비닐봉투에 넣어 주셨다. 엄마가 내 손에도 기다란 빨대처럼 생긴 관에 노란 알맹이가 들어 있는 것을 하나 내미셨다. 엄마는 자기처럼 먹어야 맛있다며 시범을 보이셨다.

"진영아, 잘 봐. 손바닥 사이에 이걸 끼우고 손바닥을 몇 번 교차하면 이렇게 빨대 속에 든 노란 게 나오지? 이걸 쪽 빨아 먹으면 되는 거야. 어때, 깨끗하게 빠졌지? 너도 해 봐."

"오호, 나도 나도."

효동이는 자기도 따라 하겠다고 조물조물했지만 결국 인내심의 한계를 느꼈는지 이 사이로 쭉 훑어 먹었다.

"이렇게 먹어도 맛있네, 뭐."

"야! 못하겠으면 못하겠다고 실토하시지."

"거참, 이게 더 맛있다니까. 그럼 누나도 해 봐. 지도 못하면서."

요것이! 두고 봐라.

아니! 근데 이게 웬 창피. 정말 엄마가 하신 것처럼 잘 되지 않았다. 효동이 앞에서 조금 창피하긴 했지만 엄마가 어렸을 때 먹었다는 일명, 불량식품이라는 것을 먹어 보니 그것도 나름대로 괜찮았다. 잠깐이나마 엄마의 초등학교 시절도 느낄 수 있어서 따라나서길 잘했다는 생각이 들었다.

엄마는 집에 돌아와서도 아빠에게 낮에 봤던 추억의 먹을거리에 대해 이야기하며 신이 난 모습이었다. 아빠도 그런 게 아직도 있냐며 장롱 깊숙한 곳에서 학교 때 입던 교복까지 꺼내 오셔서는 '내가 왕년에 말이야.'를 연발하셨다. 그날 밤, 두 분은 아무래도 오랫동안 주무시지 않고 웃으며 기나긴 추억 여행을 하시는 것 같았다.

다음 날, 학교에 가서 친구들과 함께 수다를 떨다가 우연히 지나간 일들에 대해 이야기를 하게 되었다. 초등학생인 우리도 이렇게 할 말이 많은데 우리보다 오래 사신 어른들은 오죽이나 할 말이 많을까. 새삼 어젯밤 엄마, 아빠의 모습이 떠오르며 입가에 미소가 그려졌다. 그런데 친구들과 얘기를 하며 지난 추억을 떠올리고 보니 대부분이 내 호기심 때문에 생긴 일들이었다. 아이들은 내 얘기를 들으며 마음껏 놀려 대고 웃어 젖혔다. 요것들이 아주 날을 잡았어요, 날을…….

"야, 이진댕. 그러고 보니 너 때문에 재밌었던 일 진짜 많았구나."

"그만하자, 그만해. 얘들아, 과거는 과거일 뿐!"

내 말은 들리지도 않는지 아이들은 계속해서 떠들어 댔다.

"맞아. 그때 그 뭐더라? 수업 시간에 한번은 어디선가 방귀 냄새가 났잖아. 애들이 창문 열자고 할 때 진영이가 아니라고, 끝까지 범인을 밝혀내야 한다며 추적했잖아. 그런데 결국 범인은 음악 선생님이었잖아."

"맞아. 그때 진영이가 앞으로 불려 나가서 목이 터져라 노래를 불렀지."

"야, 맞다. 나 오늘 배 아파 죽겠다. 하하하!"

"좋은 말로 할 때 그만들 해라, 니들."

"그뿐이야? 진짜 큰 사건 있었잖아. 화단에 담배꽁초 버려져 있는 걸 발견했을 때 말이야. 남자 애들 중에 담배 피우는 애가 있는 거라면서 범인 잡겠다고 호들갑 떨더니, 결국 화단 다 망가뜨렸다고 교감 선생님한테 벌 받았잖아."

"그렇지. 화단 청소. 근데 사건은 거기에서 그치지 않았지. 돈 들어 있는 비닐봉투 발견해서 그거 주인 찾아주겠다고 또 나섰잖아. 그런데 그게 나중에 교감 선생님이 숨겨 놓은 비상금으로 밝혀졌잖아. 교감 선생님은 선생님들한테 한턱 내지 않을 수가 없었고. 그날부터 이 주 동안 교감선생님 방을 혼자 청소했지 아마?"

"그래도 선생님들은 그날 진영이 덕분에 회식하셨잖아. 지금도 애 보면 고맙다고 하시는 선생님도 있잖냐."

"이것들이, 나 놀리는 거 맞지? 좋아! 지금부터 내 얘기를 잘들 들거라. '고통스럽고 슬픈 기억을 가진 과거로부터 벗어나는 방법은 무엇인가? 우리의 의지는 과거로부터 벗어나고자 하는데 이것을 쇠사슬로 잡아매는 것이 있다. 그것은 아쉬움, 부정, 후회 등이다!'"

"쟤 뭐래니?"

"진영이 요즘 도 닦니? 호호호."

아이들이 깔깔거렸지만 아랑곳없이 나는 말을 이었다.

"에, 또 뭐냐. '그렇다면 이러한 감정을 다스리는 방법은 무엇이

냐? 어차피 과거는 바꿀 수 없으니, 긍정적인 마음으로 현재를 새롭게 살아야 한다!'"

"그러니까 그게 누구 말씀인데? 아, 요즘 네가 푹 빠져 있다는 니체 아저씨 말이야? 그 철학자가 한 말 맞지?"

"헤헤헤, 누구면 어떠냐. 피가 되고 살이 되는 말이니 다들 적어 두어라아."

니체가 말한 것은 말한 것이고, 우리는 서로의 지난 얘기를 들추어내며 한참 동안 신나게 떠들었다.

그런데 별 말 없이 웃고 있던 민아가 우리 동네에 살고 있는 한 할머니 얘기를 들려주었다. 그것이 사건의 시작이었다.

"근데, 너네 그 소문 혹시 들었어?"

"뭐?"

"뭔데, 빨리 말해."

이런 이야기만 나오면 도저히 기다릴 수가 없다.

"우리 동네에 마법사 할머니 사는 거."

"뭐? 말도 안 돼, 쳇!"

뭐든 과학적으로 증명된 것이 아니면 믿지 않으려는 은지는 역시나 이번에도 부정적이었다. 하지만 내 생각은 달랐다. 그런 일이 없으리란 법이 어디 있어? 그런 비슷한 일들이 있으니까 판타지 영화나 책들도 나오는 거 아니겠어?

"야, 있을 수도 있잖아. 민아 얘기나 빨리 들어 보자."

"우리 동네, 왜 빌라 위에 높은 곳에 집들 있잖아. 그중에 제일 꼭대기에 있는 작은 집 알지?"

"응."

다들 한 목소리로 말했다. 겁 많은 지영이는 침을 꼴깍 삼켰다.

"그 집에 사는 할머니는 다른 할머니들처럼 파마도 안 하고, 옛날 사람처럼 한복만 입고 있대. 그리고 어른들 말로는 그 할머니가 밥을 짓거나 먹는 걸 한 번도 본 적이 없대. 늘 바느질만 하고 계신데, 거기다가 물레, 아니 옷감 짜는 뭐 그런 것만 돌리신대. 잠깐, 나 숨 좀 쉬고……."

"그래. 여기, 물. 내가 숨넘어가겠다. 그래서?"

"그런데 우리 동네에 사는 한 남자 아이가, 아마 우리 또래라나? 아니면 조금 어리거나……. 아무튼 그 할머니한테 지팡이로 죽지 않을 만큼 맞았는데 그 아이는 그날 하루 종일 다른 말은 하지도 못하고 '공포의 지팡이' 라는 말만 계속했대."

"야, 그 할머니, 마법사 할머니가 아니라, 동화책에 나오는 마귀

할멈 아니니?"

"그러게. 네 말 들어 보니까, 그 할머니한테 걸리면 안 되겠다."

"난 다음부터 그 위쪽엔 놀러가지 않을래."

"야, 네가 언제 그 높은 데 올라가기나 했니? 숨차서 싫다고 한 번도 안 갔으면서."

"그런데 이진댕! 너 왜 그래?"

"야, 내버려 둬. 쟤 호기심 발동하면 저렇게 몇 분 동안 가만히 명상에 잠기는 거 몰라?"

이미 내 귀에 아이들의 말소리 따위는 들리지 않았다. 이런 이야기를 듣고 가만히 있을 내가 아니지. 진실을 밝히기 위해서는 직접 내 눈으로 확인해 보는 수밖에!

② 더 이상 춤추기 싫어!

수업이 없는 토요일, 아침 일찍부터 아이들이 말한 마법사 할머니를 만나러 갈 준비를 했다. 식구들 모두 아직까지 잠들어 있는지 집 안은 쥐 죽은 듯 조용했다. 나는 행동을 개시했다.

우리 집에서 그 할머니 집까지는 이십 분 이상 시간이 걸렸다. 언덕을 올라가는 게 너무 힘들었다. 숨이 턱까지 차올랐다. 그래도 조금만 고생하면 높은 곳에서 서울을 내려다볼 수 있다. 그 위에서 보면 우리 집도, 학교도 모두 조그만 장난감 같을 것이다. 물들은 알아볼 수조차 없겠지.

거의 다 도착했을 때쯤 갑자기 심장이 뛰기 시작했다. 겁 많은 지영이가 된 기분이었다. 이렇게 겁이 나다니!

뒤꿈치를 들고 최대한 발소리를 내지 않으려고 애쓰며 걷는데 할머니의 등이 보였다! 그 집은 담이 없었고, 집 앞에는 작은 텃밭이 있었다. 할머니는 텃밭에 상추를 심으시는지 허리를 구부리시고 계셨다. 주변에는 신경을 전혀 안 쓰시는 것 같았다.

하지만 민아 얘기가 맞는다면 이 집이 틀림없는데, 너무나 평범한 할머니의 모습에 실망스러운 생각이 들었다. 물론 할머니가 한복을 입고 계시긴 했지만, 그것 말고는 달리 이상한 점을 찾을 수 없었다.

그래도 여기까지 온 이상 그냥 물러설 수는 없는 법이다. 할머니가 나를 발견할 때까지 할머니 뒤에서 지켜보기로 했다. 그런데 할머니의 일은 좀처럼 끝날 것 같지가 않았다. 그래서 어쩔 수 없이 할머니네 집 평상에 앉았다. 날씨가 쌀쌀해서 평상 바닥이 차기는 했지만 앉을 곳이라고는 거기밖에 없었다.

그런데 그만 깜박 졸고 말았다. 아침에 너무 일찍 일어난 게 화근이었다.

잠깐 눈을 감았다 뜬 것 같은데, 이게 웬일! 나는 놀랍게도 방에 누워 있었다. 낯선…… 아마도 그 마법사 할머니의 방인 것 같았다.

벽에는 흑백 사진이 많이 걸려 있었다. 갓을 쓴 할아버지도 있고, 댕기를 두른 어린 소녀도 있고, 그리고 헉! 닭의 날개를 잡고 있는 아줌마의 사진도. 닭은 달아나려고 몸부림을 치고 있었다. 이러다 나도 저렇게…….

아무래도 그곳을 빨리 벗어나야 할 것 같았다. 그래서 다시 까치발을 하고 슬금슬금 나가려는데 할머니가 문을 열고 들어오시는 것이었다.

아, 심장이야! 정말 간이 콩알만 해졌다. 그런데 할머니는 아무렇지도 않은 듯 찐 고구마가 담긴 쟁반을 내미셨다. 나는 어쩔 수 없이 그 자리에 다시 앉았다.

"저 아래 사는 아이구나. 많이 먹어라."

나는 아무런 대답도 하지 않고 할머니를 관찰했다. 그런데 민아의 말과는 달리 할머니는 여느 보통 할머니와 마찬가지였다. 쭈글쭈글한 피부, 하얗게 샌 머리, 깊은 곳을 응시하는 듯한 눈매……. 나는 적잖이 실망했다. 하지만 단 하나, 민아의 말과 일

치하는 게 있었다.

물레였다. 솔직히 물레가 어떻게 생겼는지는 모르지만, 할머니 방에는 정말 물레 같은 게 놓여 있었다. 그리고 가지각색의 실들도 함께.

할머니는 친절하게 고구마 껍질까지 까 주셨다. 아침도 안 먹고 나온 터라 허겁지겁 고구마를 먹었다. 할머니는 다정하게 웃으시며 내가 먹는 것을 지켜보셨다. 할머니는 내가 고구마를 하나 다 먹자, 기다렸다는 듯이 껍질 벗긴 고구마를 내미셨다. 배가 불렀다.

마음이 조금 놓이자 나는 내 소개를 하고 난 뒤에 용감하게도 할머니께 물레를 한번 돌려봐 달라고 부탁했다.

아, 지금도 나는 그때 그 말을 한 걸 후회하고 있다. 이놈의 호기심이 문제라니까. 그 후에 벌어진 일을 생각하면, 정말 끔찍하다.

할머니가 물레질을 시작하셨다.

'스르릉 스르릉.'

천천히 물레를 돌리시는 할머니를 보는 순간, 나는 갑자기 등골이 오싹했다. 〈잠자는 숲속의 미녀〉에 등장하는 마녀 할머니가 떠올랐기 때문이었다. 그 생각을 하자마자 내가 앉아 있는 방이 마치 거미줄이 걸려 있는 오래되고 낡은 성의 꼭대기 방이 된 것 같았다. 그리고 졸음이 몰려왔다. 졸지 않으려고 안간힘을 썼지만, 한 번 몰려오기 시작한 졸음을 이길 수는 없었다.

"어? 여기가 어디야?"

잠에서 깨자마자 나는 소스라치며 놀랐다.

도대체 이게 무슨 일이람! 나는 하얀 드레스를 입고 있었다. 끝자락이 무릎까지 내려오고 레이스가 엄청나게 많이 달려 있는, 말 그대로 '공주 드레스'였다. 그리고 어깨에는 날개까지……!

'내가 천사나 공주가 된 건가?'

그러다가 갑자기 무서운 생각이 들어 울음을 터뜨릴 뻔했다. 마녀 할머니에게 죽임을 당해서 천당에 온 것인지도 모른다는 생각이 들었다. 그나마 다행스러운 건, 날개가 달려 있다는 사실이었다. 날개는 천사를 의미하니까.

그때, 어디선가 나팔 소리가 울려 퍼졌다. 그리고 어디서 나타났는지 모를 사람들이 얼굴에 가면을 쓰고 하나둘 모여들었다. 아, 가면무도회구나!

나팔이 세 번 울리자, 누군가가 나에게로 걸어왔다. 다른 사람들과 마찬가지로 가면을 쓰고 있고 안개 같은 것이 주변에 깔려 있어서 모습을 제대로 확인할 수는 없었다.

내 앞에 와서 걸음을 멈춘 그 사람은 내게 손을 내밀었다. 나는 어안이 벙벙해서 꼼짝 않고 서 있었다. 잠시 후 그가 가면을 벗어 던졌다.

아니, 이게 누구야! 내가 그토록 사모해 마지않던 왕빈 오빠가 멋진 보조개를 만들며 나를 향해 웃고 있는 게 아닌가.

나는 떨리는 마음으로 오빠의 손을 잡았다. 그리고 우리는 춤을 췄다.

다른 사람들도 우리 주위에서 춤을 췄지만 그들은 우리의 들러리에 불과했다. 언젠가 부모님이랑 보았던 뮤지컬 속의 주인공이 된 듯했다. 환한 조명이 나와 왕빈 오빠만을 집중적으로 비추고, 우리가 있는 곳은 다른 곳보다 더 밝게 빛나는 듯했다. 내가 구름 위를 걷는 듯한 기분에 사로잡혀 있을 때, 어디선가 종소리가 들려왔다.

'댕, 댕!'

그런데 그 종소리를 듣자마자 나는 내 의지와는 상관없이 왕빈 오빠의 손을 뿌리치고 계단을 향해 뛰어가기 시작했다. 머릿속에서는 '내가 왜 이러지? 이게 아닌데. 난 왕빈 오빠랑 더 있고 싶은

데…….' 라는 말이 소용돌이쳤지만 말소리는 입 밖으로 나오지 못하고 머릿속을 맴돌 뿐이었다.

이상한 일은 계속 벌어졌다. 계단을 뛰어 내려가며 왕빈 오빠와 함께 있고 싶다고 생각하는 순간, 어느새 나는 왕빈 오빠의 손을 잡고 다시 춤을 추고 있었다. 그리고 다시 종소리와 들려왔다. 다시 뛰어가고, 다시 춤을 추고……. 고장 난 비디오테이프가 같은 장면을 계속해서 재생하듯이 여섯 번이나 나는 계단을 뛰어 내려 갔다가 춤을 추기를 반복했다. 다리가 아프기 시작했다. 조금 후에는 팔도 아프기 시작했다. 정말 울고 싶었다. 힘이 빠져서 이제는 더 이상 오빠의 손조차 잡을 수 없는 지경에 이르렀다.

그때, 어디선가 마녀 할머니가 나타났다. 할머니는 아무 말 없이 나에게 여러 개의 실타래를 내밀었다. 노랑, 빨강, 초록……. 나는 실타래 중에서 빨강 실타래를 집어 들었다. 아니, 그러다가 빨강 실타래를 놓고, 노랑 실로 바꾸어 들었다. 그리고 나는 다시 혼자가 되었다.

내 주위에는 아무도 없었다. 왕빈 오빠도 사라졌다. 공연이 끝난 무대처럼 주위는 조용했다. 그러나 그것도 잠시, 처음처럼 다시 내 주위는 사람들로 가득 찼다. 한쪽 구석에서 한 사람이 걸어왔다. 아, 또 시작인가!

역시나 왕빈 오빠였다. 하지만 조금 전과는 뭔가가 다를지도 몰라. 할머니에게 실타래도 받았으니 뭔가 달라졌을 거야. 나는 스스로를 안심시키며 다시 춤을 추기 시작했다. 그리고 다시 종이 댕, 하고 울렸다. 나는 너무 불안했다. 이번에도 조금 전처럼 같은 일을 반복해야 한다면 난 지쳐 죽을지도 몰랐다.

다시 종소리가 울리고 나는 계단을 뛰어 내려가고 있었다. 또 시작이구나, 생각하며 눈을 꼭 감았다. 그런데 다시 눈을 떴을 때, 왕빈 오빠와 춤을 추고 있는 것이 아니라 여전히 계단을 내려가고 있었다.

아, 살았다! 드디어 불행이 끝나는구나. 다시는 조금 전과 같은 일이 반복되지 않을 것 같아서 안도의 한숨을 내쉬었다. 그때 구두 한 짝이 벗겨졌다. 〈신데렐라〉의 다음 이야기가 펼쳐질 모양이었다.

아니, 그런데 이건 또 무슨 일이란 말인가! 방심은 금물이라더니! 어느새 나는 계단의 맨 꼭대기에 올라 있었다. 다시 계단을 뛰어 내려가고, 구두가 벗겨지고, 다시 계단을 뛰어 내려가고, 구두가 벗겨지고…….

끔찍했다. 오히려 첫 번째 상황보다 더욱 나빴다. 그래도 첫 번째 상황에서는 내가 좋아하는 왕빈 오빠의 손이라도 잡을 수 있었지만, 이번엔 힘들게 뛰고 또 뛸 뿐이었다. 헉, 헉.

그때 갑자기 꺼칠한 촉감이 얼굴을 훑고 지나갔다. 번쩍, 눈이 떠졌다. 내 눈에는 눈물이 가득 맺혀 있었다. 그런데 놀랍게도 나는 할머니의 무릎을 베고 누워 있었다. 그리고 내 이마의 땀을 닦고 있는 할머니의 거친 손길…….

"나쁜 꿈을 꾼 모양이구나, 눈물까지 흘리고……."

할머니는 혀를 끌끌 차며 말씀하셨다. 나는 얼른 일어나 눈물을 닦았다. 그리고는 한동안 할머니를 뚫어져라 쳐다보았다. 분명 이 할머니가 그 할머니 같은데…….

"내 얼굴에 뭐 묻었누?"

"아니, 그냥 꿈속에 할머니가 나타나셔서요. 아직도 꿈인지, 아니면 현실로 돌아온 것인지 믿어지지가 않아요."

"그래, 무슨 꿈을 꾸었는지 이 할미한테 얘기 좀 해 주런?"

"아니 아니, 저 그만 가야겠어요. 엄마한테 말을 안 하고 와서 빨리 안 가면 혼날 거예요."

나는 재빨리 일어나 방을 나왔다. 대문을 열고 나오면서 뒤를 돌아보니 할머니께서는 다시 물레를 돌리고 계셨다. 그런데 할머니의 손에는 노란 실타래가 들려 있는 게 아닌가! 나는 다시 꿈에서와 같은 일이 반복될까 무서워 뒤도 안 돌아보고 집으로 뛰었다. 얼마나 정신없이 내달렸는지 내려오면서 두 번이나 넘어졌다.

③ 돌고 도는 인생?

아니나 다를까 엄마는 야단부터 치셨다.

"아니, 얘가 말도 안 하고 어디를 갔다 오는 거야. 그리고 무릎은 어디서 깨져 가지고."

"……."

"흉터 질라. 효동아, 누나 약 바르게 약 상자 좀 가져와."

엄마의 말이 떨어지자마자 눈물이 쏟아졌다. 엄마는 아무 말 없이 나를 안고 등을 토닥여 주셨다.

"약 발랐으니까, 밥 먹자."

배가 고픈 줄도 몰랐는데, 어느새 내 배에서는 꼬르륵 소리가 났다. 밥을 먹으니 한결 마음이 가라앉았다.

"누나, 왜 울었어?"

나는 효동이의 물음에 대답은 않고 혀를 쑥 내밀었다.

엄마가 설거지를 마친 뒤에 과일을 깎아 거실로 가져오셨다. 나는 며칠 굶은 사람처럼 사과를 아주 달게 먹어치우고 낮에 겪었던 이야기를 꺼냈다.

"엄마, 저 산꼭대기에 사는 할머니 알아요?"

"글쎄, 잘 모르겠네. 이 동넨 할머니들이 많이 사시니까."

"나 아까 그 할머니네 가서 고구마 먹었는데……. 효동이 너도 몰라?"

"나? 나, 나는 저, 정말 몰라."

"그래? 그런데 너 왜 말을 더듬고 그러냐?"

"더듬긴 누가 더듬었다고 그래?"

"아니면 아니지, 왜 화를 내고 그래?"

"얘들, 또 싸운다. 그래서?"

"아, 그런데 그 할머니 상추 키우시잖아요."

"혹시 맨 꼭대기에 사시는 할머니가 아니라 공원 아래쪽에 사시는 할머니 말하는 거 아니니?"

"그런가? 거기가 맨 꼭대기 아니에요?"

"아니, 공원 왼쪽 위쪽으로 몇 집 더 있지. 그 할머니 어떻게 생기셨는데?"

"뭐 다른 할머니랑 별로 다른 건 없고, 옛날 할머니처럼 머리에 비녀 꽂고, 한복 입고……."

"그럼 그 할머니 맞네."

"엄마도 그 할머니 알아요?"

"그럼. 아까 먹은 상추 있지? 그 할머니가 주신 거잖아."

"네?"

효동이와 나는 깜짝 놀랐다.

"아이고, 깜짝이야. 아니, 너희들 왜 이렇게 놀라니?"

엄마는 눈을 가늘게 뜨고, 우리를 노려보셨다.

"무슨…… 그냥 난…… 야, 이효동! 너 빨리 불어!"

"그러는 누나 먼저 말해라."

"네가 뭔가 구린 게 있긴 있구나."

"모, 몰라."

"어쭈, 좋아. 그럼 이 얘기 듣고 놀라지나 마."

난 오늘 겪었던 얘기를 엄마와 효동이 앞에서 실감나게 들려주었다. 그 얘기를 듣고 효동이는 입을 다물지 못했다. 엄마는 그냥 개꿈일 거라고, 잊어버리라고만 하셨다.

"효동이, 이번엔 네 차례야."

"난…… 얼마 전이었어."

효동이는 목소리를 낮게 깔고 자신이 겪었던 이야기를 시작했다.

"조금 오래된 이야기야. 친구들하고 공원 위에서 농구를 하고 내려오는데 오줌이 마려운 거야. 다시 공원으로 올라가기는 싫고, 그래서 상추밭에 쉬를 했지. 옛날에는 오줌 같은 것을 비료로 주었다고 하니까 내가 상추를 더 잘 자라게 해 주는 거라고 생각했어. 내가 오줌을 누고 지퍼를 막 올리는데 그때 '끼이익' 하고 문 열리는 소리가 들리는 거야. 그 소리에 깜짝 놀라서 내가 상추들을 밟고 말았어. 난 어떻게 해야 할지 몰라서 상추밭에 그냥 서 있었어. 그러다가 할머니의 지팡이에 볼기짝에 불이 나도록 맞았다니까."

"뭐? 하하하, 그럼 소문에 떠돌던 '공포의 지팡이'의 주인공이 너였단 말이야?"

"뭐야, 알고 있었어?"

"당근! 내가 모르는 게 뭐가 있냐."

"알아서 모시겠습니다. 하지만 그 소문에는 없는 이야기가 하나 더 있지. 그렇게 볼기를 맞고 집에 돌아왔는데 밤에 꿈을 꿨어."

"꿈?"

나는 낮의 꿈이 다시 떠올라 경기를 할 지경이었다.

"좋은 꿈도 아니고, 나쁜 꿈도 아닌 뭐 그 중간쯤 되는 꿈. 그런데 꿈을 꿀 땐 그게 굉장히 선명했는데, 일어나 보니까 생각이 안 나더라. 그래서 뭔가 찝찝한 기분으로 학교에 갔는데 그날 선생님이 예고에도 없던 시험을 보시겠다는 거야. 근데 그 시험지를 받자마자 나는 기겁을 했어. 꿈속에서 똑같은 시험을 내가 보고 있었던 게 생각났거든. 그리고 꿈속에서 보았던 문제도 나오고……."

"그럼 너 시험 되게 잘 봤겠다! 답을 알고 있었을 거 아냐?"

"그랬으면 좋았게? 꿈속에서 풀은 대로 똑같이 답을 썼을 뿐이야. 꿈속에선 정답을 맞혀 보지 않았거든. 히히."

"야, 좋다 말았겠다."

"아무튼 그 일만이 아니었어. 수업이 끝나고 친구들이랑 새로운

PC방을 뚫을 작정으로 학교에서 조금 먼 곳까지 원정을 나갔는데, 가는 길이 왠지 낯설지 않더라고. 내가 꿈속에서 봤던 그 풍경 그대로, 건물이랑 나무들이 있는 거야. 와, 정말 신기하고도 무섭더라. 그런데 그게 그 할머니 지팡이 때문에 생긴 일이 아닐까 하는 생각이 들어서 다음부터는 그 공원 안 가잖아."

"정말 그 할머니가 책에 나오는 마귀할멈이 아닐까?"

이때 잠자코 우리 얘기를 듣고만 계시던 엄마가 드디어 입을 여셨다.

"우리 호기심 덩어리들, 그만하시죠. 얘기를 들어 보니 엄마도 겪었던 일이네."

"네? 그럼 엄마도 할머니한테?"

나와 효동이는 동시에 외쳤다.

"오버들 하지 마시고. 엄마도 가끔 낯선 곳에 가면 언젠가 한번 와 본 것 같은 기분이 들어. 처음 하는 일인데도 전에 해 봤던 일인 것 같은 생각이 들 때도 있어. 엄마도 처음엔 신기하고 이상했어. 그런데 너희들 불교에서 말하는 '윤회'라는 것 들어 봤지?"

"네, 사람이 한 번 태어나서 죽으면 끝나는 게 아니라 다음 세상에 또 다시 태어나고, 죽고 나면 또 다시 태어나는 걸 반복하는 거, 맞죠? 나쁜 짓을 하면 다음 세상에서는 동물로 태어나고, 착하게 살면 다시 사람으로 태어나고 뭐 그런 거 아니에요?"

나는 어쩜 이렇게 아는 것도 많을까.

"그래, 맞아. 불교에서는 윤회의 업보에서 벗어나 영원한 극락에 이르는 것을 최고로 여긴단다. 그리고 요즘 우리 진영이가 푹 빠져 있는 니체도 '영원회귀'라는 말을 했지."

"와! 어김없이 니체 등장이요!"

어디선가 누군가에게 무슨 일이 생기면 어김없이 나타나는 우리의 니체! 짜잔!

"니체 추종자 다 되셨네, 우리 진영이. 그래, 모든 것이 똑같이 반복된다는 생각을 한 점에서는 니체가 불교의 윤회사상과 비슷한 생각을 가졌다고 할 수 있지. 영원회귀 사상은 얼핏 보기에 니체의 '힘에의 의지'와는 모순되는 결정론처럼 보이지만, 니체가 영원회귀를 이야기한 이유는 수레바퀴처럼 반복되는 우리의 삶에서 지금 이 순간에 최선을 다한다면 그 다음 생도 최선을 다한 지금의 삶이 반복될 거라고 믿었기 때문이야. 그렇다면 지금 이 순간의 삶에 충실해야겠지? 그러면서 초인에 가까워지는 거고. 즉, 영원회귀 안에서 초인이 태어난다, 이 말씀!"

"아하, 그러니까 니체의 초인 사상과 '힘에의 의지' 완결판이 바로 영원회귀인 셈이네요."

"이진영 빙고! 그래, 맞아. 초인이란 삶의 고통과 허무함을 인식하면서도 기구한 삶의 운명을 긍정하고 사랑하는 사람을 말하는 거야. 초인의 이런 태도가 바로 '운명애'라는 거지. 힘든 삶 속에서 자신의 운명을 사랑한다는 것, 멋있지 않니? 이러한 운명애는 모든 것이 이미 결정되어 있다는 결정론과는 전혀 다른 거야. 그러니까 우리는 똑같은 생이 무한히 반복되더라도 그것을 나의 의지가 선택한 것으로서 기꺼이 받아들이려고 하는 운명애를 가져야 해. 그리고 지금 살아가는 세상을 아주 알차게 산 뒤에, '이것이 생이었더냐! 자, 그렇다면 다시 한 번!'이라고 외칠 수 있어야 하는 거지. 그러려면 지금 사는 현재를 후회 없이 살아야겠다는 결론이 나오겠지? 우리 딸, 우리 아들! 그래서 엄만 우리의 삶이 단 한 번뿐이라고 생각하고, 똑같은 잘못을 저지르지 말았으면 해. 그렇다고 잘못을 저질렀을 때 너무 거기에 얽매이지도 말고. 모쪼록 행복하고 즐겁게 세상을 살아갔으면 좋겠구나. 자, 그런 의미에서 이 사과를 그 할머니께 갖다 드릴 사아람!"

"아, 저는 너무 피곤해서요."

"우리 효동이는? 엄마 실망시키지 않을 거지?"

"엄마, 사실 저는 그 할머니 지팡이가 너무 무서워요."

"됐다, 욘석들. 엄마가 갖다 드려야지. 그리고 담에 또 우리 아들이 상추밭에 오줌 줄 테니까 염려 마시라고 전해 드려야겠는걸."

엄마는 그렇게 효동이를 놀리셨고 우린 또 다시 그 할머니를 만날까 봐 두려움에 떨며 방으로 도망치듯 달아났다. 그날 밤, 효동이와 나는 정말 오랜만에 똑같은 결론을 냈다. 내일 아침 눈을 뜨면 학교에 가고, 또 다음 날도, 그 다음 날도 계속 학교에 가야 하는 우리의 매일매일이 바로 영원회귀가 아닐까 하는. 아, 괴로워라.

인간은 누구나 과거와 현재 그리고 미래로 자신의 인생을 만들어 갑니다. 그러한 시간은 한 방향으로만 진행되기 때문에 과거로 절대 되돌아갈 수 없다는 게 일반적인 생각입니다. 우리는 다시 어린 아이가 될 수 없습니다. 아무리 후회한들 과거에 저지른 잘못을 돌이킬 수는 없습니다. 후회가 깊어지면 마음의 병이 생기겠죠? 그렇다고 좌절하고만 있어야 할까요?

생각을 바꾸면 많은 것이 달라집니다. 과거에 하지 못했던 일, 했더라면 더 좋았던 일들을 애써 잊으려 하지 말고 긍정적으로 받아들이는 것입니다. 솔직하게 과거를 인정할 때 오히려 마음이 가벼워지고 미래가 밝아집니다. 후회와 복수심은 우리가 앞으로 나아가지 못하도록 방해합니다. 살다 보면 누구나 실수는 하기 마련이고, 돌이킬 수 없는 일이 생기기도 합니다. 친구와 다투었을 때, 나는 잘못을 저지르지 않았다고 변명할 게 아니라, 오히려 자신의 잘못을 솔직하게 인정한다면 마음도 가벼워지고 친구와의 관계도 더욱 좋아질 것입니다.

세상을 살아가다가 고난이 닥쳐오면 '차라리 태어나지 않았더라면 더 좋았을 텐데' 라고 넋두리를 하기도 합니다. 괜스레 부모님을 원망할 것이 아니라 오히려 '내가 태어나기를 원했다' 라고 생각하면 마음이 편안해질 겁니다. 그런 마음가짐을 가져야 내가 앞으로 살아갈 인생을 스스로 책임질 수 있을 테니까요. 이처럼 과거로 인한 고통에서 해방되는 것을 니체는 '구제'

라고 합니다.

　니체의 영원회귀 사상은 우리의 삶이 반복된다고 해도 다시 한 번 삶을 살아 낼 수 있다는 태도입니다. 삶이 괴롭고 외롭다면 다시 태어나고 싶지 않을 것입니다. 니체는 당시 물리학의 영향을 받아 물질은 유한하되 시간은 무한하기 때문에 생성과 소멸을 거쳐 언젠가는 모든 것이 똑같이 반복될 거라고 믿었습니다. 만약 과거의 불행한 일들이 미래에도 반복된다면, 그만큼 끔찍한 일은 없을 것입니다. 그러나 생각을 바꾸어 그 끔찍한 반복에 대해 준비할 필요도 있습니다. 지금 가장 참을 수 없는 일이 미래에도 반복된다면, 차라리 지금 즐기는 것이 낫습니다. 고난을 피하지 말고 굳건히 맞서 싸울 준비가 되어야 합니다. 가장 싫어하는 사람도 수천 년 후에 다시 만나게 된다면 지금 화해를 하는 것이 현명한 태도일 테니까요.

　다시 태어나도 지금의 삶을 원하기 위해서는 오늘, 이 순간을 알차게 살아야 하겠지요.

신은 죽었다

_네 번째 에피소드

모든 신은 죽었다. 이제 우리는 초인(超人)으로 살게 되길 바란다.

– 니체 –

사람은 어디서 행복을 찾을 수 있을까요? 진영이는 니체의 '신은 죽었다'는 말 속에서 그 해답을 찾습니다. 신이 죽으면 인간이 행복해진다? 참 아리송하죠?

① 이루어져라! 참깨

"너 죽을래?"

"누나가 먼저 내 머리 때렸잖아!"

"그런다고 쬐끄만 게 누나한테 덤벼?"

"키는 내가 더 크거든! 동생이나 때리는 주제에…….”

요즘 들어 조것이 자꾸 속을 긁는다. 머리를 한 대 쥐어박긴 했지만 언제까지고 이렇게 유치한 말다툼이나 하면서 살아야 하나 생각하니 갑자기 우울해졌다. 게다가 효동이가 식탁에서 미주알고 주알 일러바치는 바람에 엄마에게 호되게 야단까지 맞아야 했다.

"엄만, 매일 나만 갖고 뭐라 그러세요!"

"그러니까 누가 때리래?"

"죽을래, 이 꼬맹아!"

"조용히들 못해! 내가 너네 때문에 늙는다, 늙어."

나는 그 자리에 더 이상 앉아 있을 수가 없어 자리를 박차고 나왔다. 엄마는 밥을 더 먹으라는 권유도 하지 않으셨다. 갑자기 '이런 식으로 살면 뭐하나' 하는 생각이 들었다. 아무도 나를 사랑하지 않는다는 생각이 물밀듯이 밀려왔다. 낙엽 위를 걸으며 일부러 발바닥에 힘을 주어 낙엽을 짓이겼다. 낙엽이 발밑에서 쉽게 부서졌다.

"얌마, 무슨 생각을 그렇게 골똘히 하냐?"

같은 반 친구인 동길이가 지나가며 뒤통수를 쳤다. 저 자식이! 내가 아무리 털털하다고 해도 오늘은 그럴 기분이 아니란 말이야! 나는 순간 동길이의 손목을 잡아 비틀었다. 험한 욕설이 목구멍까지 올라오는 걸 느꼈다. 정말 주위에 뭐라도 있으면 낙엽처럼 부숴버리고 싶은 심정이었다. 한동안 멍하니 쳐다보던 동길이는 내 손을 뿌리쳤다. 동길이는 평소와 다른 내가 이상했는지 슬금슬금 자리를 피했다. 발밑의 낙엽을 신경질적으로 짓이겼다.

"낙엽들도 아프지 않겠니? 청소하는 사람들도 힘들고."

그때 누군가의 목소리가 들렸다. 고개를 돌리고 옆을 쳐다봤다. 검정 털모자를 눌러 쓴 할아버지 한 분이 수레를 끌고 계셨다.

"저한테 하신 말씀이세요?"

할아버지는 아무 말씀도 하지 않고 빙긋 웃기만 하셨다. 그리고는 어느새 언덕을 올라가고 계셨다. 나는 손에 들고 있던 책가방을 어깨에 메고 할아버지가 계신 쪽을 향해 뛰었다. 그리고 수레를 뒤에서 힘껏 밀었다. 할아버지가 뒤를 돌아보셨다. 좀 전에 할아버지가 웃어 주셨던 것처럼 나도 할아버지를 향해 씨익 웃었다. 우울했던 감정이 조금은 사라지는 것을 느꼈다. 언덕을 다 올라왔을 때, 할아버지는 수레를 세우셨다. 그리고는 물컵을 내미셨다.

"고맙구나. 목마를 테니 한 모금 마시렴."

"감사합니다."

물맛이 이토록 달 수 있다는 것을 처음으로 알았다. 그 할아버지는 다른 할아버지들처럼 흰머리가 많았지만, 옛날 사진에서나 볼 수 있는 것처럼 수염이 길었다. 수염 때문에 옛날이야기 속의 신선처럼 느껴지기도 했다.

"할아버지, 전 그만 학교에 가야 해서……."

"그렇구나. 이름이 뭐지?"

"네, 진영이요."

할아버지는 잠시 나를 뚫어져라 쳐다보시더니 입을 여셨다.

"넌 무슨 소원이 있니?"

"아, 전 학교 안 가고 집에서 실컷 컴퓨터나 했으면 좋겠어요."

"그렇구나. 그게 다야? 다른 꿈은 없니?"

"없어요. 아! 독립했으면 좋겠어요. 엄마 잔소리도 없고, 동생도 없는 곳으로요. 어, 할아버지 저 벌써 지각이에요. 저 이만 갈게요."

내려놓았던 책가방을 어깨에 메고 학교를 향해서 뛰었다. 달리는 내 뒤로 할아버지의 목소리가 들려왔다.

"네 소원대로 될 거다."

그 소리가 굉장히 크게 들렸다. 마치 확성기에 대고 말하는 것처럼.

학교에 도착했을 때, 나는 너무나 놀라서 그 자리에 얼어붙었다. 분명 학교가 있어야 할 자리인데 집 한 채만 달랑 서 있는 것이었다. 아무리 둘러보아도 학교도 사람도 보이지 않았다. 이상한 생각이 들었지만 달리 누구한테 물어볼 수도 없어서 조심스럽게 대문을 열고 집 안으로 들어갔다. 현관문을 몇 번이나 두드렸지만 아무도 나오지 않았다. 현관문 손잡이를 돌려 보았다. 문은 잠겨 있지 않았다.

"여보세요. 아무도 안 계세요?"

아무도 없다는 것을 확인하자 마음이 조금 편안해졌다. 긴장이 풀려서인지, 아니면 조금 전에 마셨던 물 때문인지 화장실이 급했다. 아래층에는 문이 세 개가 있었다.

첫 번째 문을 열었다. 그곳에는 침대가 놓여 있었다. 그 옆은 부엌이었다. 마지막 문을 여니 그곳이 화장실이었다. 화장실도 다른 방과 마찬가지로 별다른 물건 없이 꼭 필요한 것만 놓여 있었다. 칫솔도 하나, 치약도 하나, 수건도 하나. 변기 옆 위쪽에 놓인 선반을 열었다. 그곳에는 여분의 비누, 치약, 수건이 깔끔하게 놓여 있었다.

화장실에서 나와 이번에는 부엌으로 가 보았다. 부엌도 깔끔하게 정돈돼 있었고, 냉장고에는 음식이 가득 들어 있었다. 모두 내가 좋아하는 음식이었다. 의자를 놓고 싱크대 위도 열어 보았다. 이상하게도 그 안에도 내가 좋아하는 과자들로 꽉 차 있었다. 누군가 나를 위해서 준비해 놓은 것 같았다.

다른 사람이 있는지 어떤지 신경 쓸 것도 없이 쿵쾅거리며 이층으로 올라갔다. 이층에는 두 개의 문이 있었다. 하나는 화장실이었다. 그리고 또 하나의 방문을 열었다. 나도 모르게 입이 쩍 벌어졌다.

꿈에도 그리던 최신형 컴퓨터! 그리고 그 옆에는 여러 가지 게임 시디들! 컴퓨터는 나를 반기기라도 하듯 이미 전원이 켜져 이었다. 컴퓨터의 하드웨어에도 내가 좋아하는 게임들이 가득 차 있었다. 스타크래프트, 카발, 써든어텍 등등등.

시간 가는 줄 모르고 게임을 즐기고 있는데 뱃속에서 꼬르륵 소리가 났다.

"이런, 배고파 죽겠네."

나는 부엌으로 내려갔다. 싱크대에서 라면을 꺼내고 가스레인지에 물을 올렸다.

"오늘은 엄마가 먹지 말라는 라면 실컷 먹게 생겼네. 신난다!"

하늘 높이 올라가는 풍선만큼이나 자유로운 기분이었다. 라면 물이 끓는 동안 소파에 몸을 눕혔다. 그러다가 일어나 소파에서 뛰기도 하고 뒹굴기도 했다. 그런 행동을 해도 누구 하나 뭐라고 할 사람이 없었다. 평소 때 같으면 엄마가 먼지 난다고 야단을 쳤을 것이다. 그런 생각을 하자 엄마가 약간 그립기도 했다. 어느새 거실 커튼 사이로 보이는 바깥에 짙은 어둠이 깔려 있었다. 라면 물이 끓는 동안 눈이나 붙여야겠다고 생각했다. 그러다 어느새 스르륵 잠이 들어 버렸다.

"아, 물!"

뭔가가 타는 냄새에 깜짝 놀라 달려갔지만, 이미 늦은 뒤였다. 냄비 속도 겉도 까맣게 그을려 있었다. 얼른 가스레인지를 끄고 밸브를 내렸다. 그리고 부엌 쪽으로 나 있는 창문을 열었다. 냄비 손잡이를 그냥 쥐려다 뜨거워서 손가락을 데었다. 찬물을 틀어서 덴 손가락을 담갔다. 다행히 많이 데이지는 않았다. 배가 너무 고파서 아픈 줄도 몰랐다.

냉장고를 열고 음료수와 빵으로 주린 배를 채웠다. 배가 부르자 다시 게임 생각이 났다. 다시 컴퓨터에 앉았다. 몬스터들을 잡을 때마다 레벨이 올라가는 기쁨에 잠을 자야 한다는 생각도 잊었다.

밤을 새서 게임을 한 탓인지 자꾸 눈이 감겼다. 배도 고팠지만 배가 고픈 것보다 잠이 우선 급했다. 아래층 침실로 내려가는 것도 귀찮았다. 그냥 바닥에 누워 잠이 들었다.

얼마나 잤을까? 잠에서 깨어나니 몸이 으스스 떨렸다. 아무래도 맨 바닥에서 이불도 덮지 않고 잔 게 문제였던 것 같았다. 아래층으로 내려가 침실로 들어갔다. 침실은 따뜻한 편이었지만 감기에 걸렸는지 오한이 들고 몸에 열이 나기 시작했다. 문득 보일러를 켜면 되겠다는 생각이 들었다. 내가 오늘따라 왜 이렇게 한심하지?

이층으로 올라가는 계단 밑에 보일러실이 있었다. 어떻게 해야할지 몰라서 밸브를 모두 올렸다. 그러자 보일러 돌아가는 소리가 났다.

다시 침대에 가서 점퍼를 벗고 누웠다. 조금씩 방 안의 공기가 따뜻해졌다. 어느새 잠이 들었다.

따뜻한 곳에서 잠을 자고 일어나서 그런지 한결 몸도 가벼웠다. 좋아! 이번엔 제대로 한번 라면을 끓여 볼까.

물이 끓을 때까지 자리를 뜨지 않고 식탁 의자에 앉아 기다렸다. 냉장고에서 계란까지 꺼내어 라면에 집어넣었다. 라면을 맛있게 먹고, 어제 탄 냄비가 있는 개수대에 그릇을 넣었다. 그리고 다시 게임을 하러 이층에 올라갔다.

'그런데 대체 시간이 얼마나 된 거지?'

시간이 궁금해져 손목시계를 들여다보았다. 밤 아홉 시가 조금 넘은 시각이었다. 이번에는 다른 게임을 골라서 했다. 또 시간 가는 줄 모르고 게임에 몰두했다. 그리고 잠이 들고, 일어나서 라면

이나 과자로 배를 채우고, 다시 게임을 하고, 자고, 다시 게임을 하고, 자고…….

얼마 동안이나 반복했을까? 배가 고파 부엌으로 갔는데 개수대에 쌓여 있는 설거지거리 위로 벌레가 기어 다니고 있었다. 끔찍한 생각이 들어서 개수대의 수도꼭지를 틀었다. 하지만 더 많은 벌레가 스멀스멀 개수대를 통해 기어 나오고 있었다. 벌레를 보고 있으려니 내 몸으로 벌레들이 옮겨 올 것 같은 느낌이 들었다.

머리도 어지럽고 구토가 일었다. 배가 너무 고팠지만 냉장고 쪽은 쳐다볼 수도 없었다. 냉장고 속에도 벌레들이 득실거릴 것 같았다. 엄마가 해 주는 밥이 생각났다. 최악의 상황에 제일 먼저 생각나는 사람은 역시 엄마밖에 없었다. 기운도 없고, 먹을 것도 없어서 그냥 털썩 식탁 의자에 앉았다.

갑자기 밖에서 천둥이 쳤다. 비가 오는 모양이었다. 무서운 생각이 들었다. 감지 않은 머리는 기름기가 흐르고 가려웠다. 왠지 몸도 가려운 것 같았다. 어쩌면 개수대에 있는 벌레 한 마리가 몸으로 옮겨 붙어 왔는지도 모른다고 생각했다.

다시 한 번 천둥이 쳤다. 의자에 앉아 무릎을 끌어안았다. 엄마도, 아빠도, 효동이도 다 보고 싶었다. 눈에서 자꾸 눈물이 쏟아졌다.

② 부자가 되면 행복해 질까?

"엄마아아!"

어디선가 웃음소리가 들렸다.

'사람들이 있다.'

나는 눈을 뜨고 싶었다. 그런데 눈이 떠지질 않았다. 빨리 사람들이 보고 싶었다.

"이진영, 진영!"

엄마의 목소리였다.

"엄마, 제가 잘못했어요!"

"네가 잘못한 줄은 아냐, 요것아?"

귀에 불이 일어나는 동시에 눈이 떠졌다. 그런데 내 앞에 담임선생님이 서 계신 게 아닌가! 우리가 일명 '인간 수면제'라고 부르는 담임선생님이 그렇게 반가울 수가 없었다.

아, 기가 허해졌나? 요즘 왜 이렇게 악몽만 꾸는 거야!

"아, 선생님! 귀 좀, 귀 좀 놔주세요."

"무얼 얼마나 잘못했기에 꿈을 꾸면서 울기까지 하냐?"

"……."

나는 선생님께 꾸중을 들어도 학교에 있다는 사실이 매우 기뻤다. 혹시 다시 그 컴퓨터만 있는 집으로 돌아갈까 봐 볼을 꼬집어 보았다.

"아!"

"쟤 오늘 뭐 잘못 먹었나 봐."

"그러게 쟤 오늘 왜 저러냐?"

"혹시 어젯밤에 이불에다 오줌이라도 싼 거 아냐?"

반 친구들이 한 마디씩 했다. 그래도 그런 친구들이 하나도 밉지 않았다.

"자, 다시 수업 시작하자."

선생님은 역시나 높낮이 없는 목소리로 말씀하셨다.

"오늘 진영이 때문에 진도 나가긴 힘들겠고 이야기나 할까? 다들 꿈이 있지? 한 명씩 말해 볼까?"

"전 연예인요."

"전 부자요."

"저도 부자가 되어서 놀고먹는 거요."

"전 프로게이머요."

"다들 꿈이 있긴 한데, 정말 놀고먹기만 하면 행복할까?"

"돈이 있어야 해요. 그래야 뭐든지 다 살 수 있잖아요. 맛있는 것도 많이 먹고."

아이들은 저마다 목청을 높여 소리쳤다.

"정말 부자들은 행복하기만 한 걸까? 그런데 왜 부자들도 자살을 하고, 종교에 매달릴까?"

선생님의 얘기에 교실은 찬물을 끼얹은 듯했다. 하지만 나는 선생님의 말씀이 귀에 쏙쏙 들어오는 것 같았다.

'정말 나 하고 싶은 대로 하면서 살면 행복할 줄 알았는데……'

그런 말이 머릿속에서 들려왔다.

선생님께서는 알듯 모를 듯한 미소를 흘리시고는 질문의 답도 해 주시지 않고 나가셨다. 나는 그저 빨리 집으로 가고 싶다는 생각뿐이었다.

숨이 턱에 차도록 달려 집에 도착했을 때, 엄마는 텔레비전을 보고 계셨다. 여느 때와 다름없이 학교에 잘 다녀왔느냐는 인사를 하시고는 다시 텔레비전으로 눈을 돌리셨다. 아침의 일은 벌써 잊으신 모양이었다. 엄마는 야단을 치기도 하시지만 늘 그렇게 맘에 담아 두시지는 않았다. 나는 고마운 마음이 들어 엄마 곁에 가서 앉았다. 그리고는 엄마를 바라보았다.

"왜 무슨 할 말 있어?"

"……."

갑자기 눈물이 쏟아졌다. 엄마가 무슨 일이 있느냐고 한 번 더 물었을 때 나는 급기야 울음을 터뜨리고 말았다. 엄마는 더 이상 묻지 않으시고 나를 세게 안아 주셨다. 그리고는 등을 위에서 아래로 쓸어 주셨다. 엄마의 손이 굉장히 크다고 느껴졌다. 다른 어떤 때보다 더 크고 따뜻한 것 같았다. 시간이 흐르자 눈물은 멈췄고, 조금 창피한 생각이 들었다. 엄마는 나의 그런 마음까지도 알고 계신 것 같았다.

"우리 진영이, 엄마가 맛있는 거 해 줄까? 말해 봐."

"아니에요. 엄마가 해 주시는 건 다 맛있어요."

"아이고, 우리 딸 철들었나 보네."

"저 이제부터는 엄마 말씀 잘 들을 거예요. 자, 이제 손발 씻고, 내일 학교 갈 준비하러 제 방에 갈게요."

"정말 무슨 나쁜 일 있었던 건 아니지?"

엄마는 근심스러운 표정으로 나를 바라보셨다. 나는 엄마에게 활짝 웃으며 절대 그런 일 아니라고 안심을 시켜 드리고 방으로 건너왔다. 방으로 오는 길에 거실에 놓여 있는 컴퓨터 옆을 지나쳤다. 다른 날은 거실에 컴퓨터가 있는 게 늘 불만이었는데 오늘은 그 사실이 너무나 다행스러웠다. 왠지 당분간은 컴퓨터를 쳐다보기도 싫을 것 같았다.

조금 후 효동이가 방문을 열고 들어왔다.

"누나 철들었다며? 에이, 동생이 말하는데 좀 쳐다봐라."

"왜?"

괜히 심통스럽게 쏘아 붙였지만 마음은 전혀 그렇지 않았다.

"정말 누구한테 맞았거나, 누가 괴롭히거나 그런 거 아니지? 그런 거 있음 나한테 다 말해. 친구들 쫙 풀어서 다 혼내 줄 테니까.
나 힘 센 거 알지?"

엄마 앞에서는 애기처럼 응석만 부리던 녀석이 왜 갑자기 저러
는 거야. 어떻게든 참아 보려고 했는데 효동이의 얼굴을 보자 또
울음이 터져 나왔다.

"효동아!"

"얼레? 그래, 무슨 일인지는 모르겠지만 이 동생의 넓은 가슴에
안겨서 실컷 울어라."

효동이는 여전히 농담을 섞어서 말하고 있었지만, 그래서 더 고
마웠다. 앞으로는 예뻐해 주마. 내 동생.

③ 하늘보다 땅!

어느 정도 마음이 진정되고 나서 거실로 나갔다. 엄마는 소파에 앉아 책을 읽고 계셨다.

"철든 이진영 씨, 나오셨어요?"

"엄마는……."

장난스럽게 말해 주는 엄마가 도리어 고마웠다.

엄마 곁에 앉아 귤을 까먹으며 오늘 수업 시간에 꾸었던 꿈 얘기와 선생님의 알쏭달쏭한 질문에 대해서 이야기했다. 꿈 얘기를 할 때는 마치 영화를 보고 난 후, 친구들에게 얘기해 주는 것처럼 신이 났다.

"우리 진영이가 요즘 어려운 철학에 관심을 많이 갖더니 꿈도 아주 어렵게 꾸는구나."

엄마는 내 볼을 토닥인 뒤에 말을 이으셨다.

"네가 요즘 푹 빠져 있는 니체가 했던 말 중에 '신은 죽었다'라는 말이 있어. 그 말은 그 당시 기독교의 사상과 윤리를 따르고 있던 유럽 사회에 큰 충격을 안겨 주었지. 신이 죽어서 없다면, 신을 중심으로 형성된 믿음과 종교의 교리 자체가 무너지게 되니까."

"잠깐만! 그런데 신이 정말 있기는 해요? 솔직히 난 잘 모르겠어요."

가끔 친구를 따라 성탄절에 교회에 가보기는 했지만, 솔직히 그건 잿밥에 관심이 있어서였다. 정말 신이 있는지 없는지 관심을 가져 본 적은 한 번도 없었다. 이런, 나답지 않군.

"진영이는 신이 뭐라고 생각하니?"

"음, 귀신? 헤헤."

"왜에? 발에 신는 신발은 아니고?"

엄마와 나는 함께 웃었다. 역시 우리 엄마의 유머 감각은 알아줘야 해.

"니체가 말한 신은 모든 세상을 창조한 존재를 말하지. 쉽게 설명하자면…… 엄마의 아버지가 누구지?"

"할아버지."

"그 할아버지의 아버지는?"

"증조할아버지요."

"그렇지. 그렇게 계속 거꾸로 따라가면 최초의 인간을 생각할 수 있겠지. 그렇다면 그 최초의 인간은 어떻게 해서 태어났을까. 종교에서는 그 최초의 인간을 신이 만들었다고 해. 신은 사람뿐만 아니라 하늘과 땅 모두를 창조했지."

"그럼 신이 죽었다는 말은 무슨 뜻이에요?"

"너희 반 친구들 대부분이 돈을 많이 벌어서 놀고먹는 게 꿈이라고 했다지? 그런데 세상에는 어마어마하게 돈을 많이 갖고도 자살을 하거나 우울증에 걸리는 사람들이 많아. 꼭 돈이 많다고 해서 행복한 건 아니라는 말이겠지? 음, 어쩌면 그러한 질문에 대한 해답을 '신은 죽었다'라는 말에서 찾을 수 있을 것 같은데? 진영이는 이 세상에 얼마나 많은 종교가 있는지 아니?

"음, 기독교, 불교, 유대교, 이슬람교……."

"그래. 하지만 네가 지금 거론한 종교들은 빙산의 일각일 정도로 세상에는 수많은 종교가 있어. 그리고 각 종교마다 믿고 따르는 신도 따로 있어. 그리고 대부분의 종교들은 서로 사랑하라는 좋은 교리를 갖추고 있단다. 하지만 니체가 살던 시대에는 기독교가 유럽 사회 전체에 큰 영향을 미치고 있었어. 그 정도의 영향력을 가질 정도면 권력이 생기기 마련이고 그만큼 폐단도 많이 발생했지. 종교를 통해 구원 받을 수 있다는 생각에 사람들은 무조건적으로 종교에 매달리기도 했어. 물론 현재에도 그렇게 종교를 맹신하는 광신도들이 있어서 가끔 텔레비전에 나오기도 하지 않니?"

"맞아요. 전에 텔레비전에서 봤는데, 어떤 사람이 구원을 받기 위해서 가족을 팽개치고 재산도 몽땅 사이비 종교 집단에 갖다 바쳤대요. 그런데 나중에 그 사이비 종교의 교주가 사기죄로 잡혀 들어가자 그 사람은 자살했대요."

"그래, 맞아. 대부분의 사람들은 현재의 처지에 만족하지 못하고 항상 무언가를 더 갖기를 원해. 자신이 죽은 후에 고통 없이 사후 세계에서 살기를 바라는 것 역시 욕심이라고 할 수 있어. 그래서 신에게 자신이 소망하는 것을 이루어 달라고 기도 드리는 거야. 하지만 대부분의 사람들은 신과 종교의 참된 의미를 잊은 채, 신을 자신이 가진 욕심을 이루어 주는 수단으로 생각하게 된 거야. 니체는 특히 기독교를 비판했는데, 사실 그 비판은 기독교만을 향한 것이 아니라 종교를 왜곡하는 사람들 모두를 향한 것이라고 할 수 있어."

"엄마, 그런데 행복하게 사는 방법에 대한 해답을 어떻게 '신의 죽음'에서 찾을 수 있어요?"

나의 거듭되는 호기심이 반가운 듯 엄마는 미소를 지으셨다.

"지금부터 하는 말을 잘 들어 보렴. 이건 니체가 한 말이야."

만약 신이 존재해서 모든 것을 미리 결정한다면 인간은 할 일이 없게 된다. 그러므로 어떤 신도 존재하지 않는다. 아니, 존재해서는 안 된다. 만약 신이 존재한다면 우리 인간은 자유롭지 못하게 된다.

"니체의 이 말을 듣고 떠오르는 생각이 없니?"

"아! 알겠어요. 종교를 맹신하는 사람들처럼, 현실에서 최선을 다할 생각은 하지 않고 신이 더 좋은 사후 세계를 마련해 놓았을 것이라고 믿는 것보다는 지금의 삶과 현실에서 최선을 다하라는 말이죠? 맞죠? 맞죠?"

이제야 다시 똘똘한 이진댕, 아니 이진영으로 돌아온 기분이 들었다.

"역시 우리 진영이는 엄마를 닮았나 봐. 하나를 가르치면 열을 아니까. 니체는 신이라는 존재를 인간이 만든 것이고 인간의 망상이라고 생각했어. 현재의 삶이 괴롭다고 생각하는 사람들이 아무런 현실적 노력도 하지 않고, 절대자의 도움으로 행복해지기를 바라는 것이라고. 사람이 이상만 바라보면서 살 수는 없어. 그렇다고 단지 현실에서 잘 먹고, 잘 입고, 잘 자는 것을 행복의 조건이라고 말할 수도 없어. 사람은 땅을 딛고 살면서 가끔 하늘을 바라볼 때 행복할 수 있단다. 모든 것이 충족되었지만 이상이나 꿈을 갖지 않는다면 그 사람은 불행한 거야. 현재에 만족하면서도 거기에 안주하지 않고 더 큰 꿈을 갖고 열심히 살아간다면 그 속에서 행복을 찾을 수 있을 거야."

밤이 되었고, 바깥세상은 온통 어둠뿐이었다. 하지만 나는 이제 무섭거나 두렵지 않았다. 왜냐하면 내 곁에는 나를 사랑하고 내가 사랑하는 가족이 있기 때문이다.

조용히 누워서 요 며칠간 나에게 일어났던 일들에 대해 생각해 보았다.

나한영과 빈나라가 나를 두고 경쟁했던 일, 왕따였던 최고수와 친구가 된 일, 무서운 할머니 집에서 끝없이 반복되는 무서운 꿈을 꾼 일, 마지막으로 정말 어리석은 소원이 이루어진 꿈까지……그리고 그 기억 속에서 늘 함께한 사람은 니체였다.

이제까지 나는 나 자신을 어른이라고 생각하는 철부지였다. 하지만 니체의 철학을 통해 나는 보다 더 성숙해졌다. 그리고 내가 얼마나 행복한 아이인가를 새삼 깨달을 수 있었다. 이런저런 생각을 하다가 나는 잠이 들었다. 다시 눈을 떴을 땐 이미 아침이었다.

나는 창문을 활짝 열었다. 그리고 고개를 높이 쳐들어 하늘을 올려다보았다. 저 하늘 어딘가에 천국이 있을지도 모른다고 생각했다. 그리고 천국은 이 땅 위에도 있다…….

나는 니체가 한 말을 천천히 읊었다.

"인간은 땅을 벗어나 살 수 없다. 자꾸 천국으로만 가려고 하지 말고 땅에 충실하라. 발이 딛고 있는 현실을 사랑하라!"

나는 서둘러 잠옷을 갈아입고 여느 때보다 즐거운 마음으로 학교에 갈 준비를 서둘렀다.

어떻게 해야 인간은 행복해질 수 있는지에 대해 철학자들은 저마다 입장이 달랐습니다. 중용을 지켜야 행복해질 수 있다고 믿었던 철학자가 있는가 하면, 양심에 따라 행동해야 한다고 생각한 철학자도 있었고, 쾌락을 추구하고 고통을 줄여야 행복해질 수 있다고 말한 철학자도 있습니다.

플라톤은 몸을 '영혼의 감옥'이라고 비하했습니다. 먹고 자는 등 몸이 원하는 생리적인 욕구는 정신에 비해 열등한 것이라고 여겼고, 진정한 행복은 결코 몸을 통해서는 얻을 수 없다고 말하기도 했습니다. 그래서 금욕주의가 생겨나게 된 것입니다.

니체는 현실주의자였습니다. 그는 플라톤이 그토록 비하시켰던 몸을 행복의 원천으로 꼽았습니다. 수많은 종교들 가운데 특히 기독교를 혹독하게 비판한 니체는 '신이 죽었다'는 선언으로 인간의 영혼을 구원한다는 하늘나라는 사실 우리의 삶에 대한 소망을 표현한 것에 불과하다고 보았습니다.

그래서 하늘을 땅보다 더욱 중요시하고, 사후 세계를 현실보다 가치 있는 것으로 보는 종교의 교리를 비판한 것입니다. 종교의 교리에 따르자면 우리가 살아 숨 쉬는 기간은 다만 잘 죽기 위한 준비 기간에 지나지 않았기 때문입니다.

니체는 종교가 주장하는 천상의 세계에서 잘살기를 기원하기보다는 현실과 현재의 삶에 충실함으로써 행복을 찾을 수 있다고 말했습니다. 이상을 갖고 하늘을 바라보되, 두 발은 땅을 굳건히 딛고 있어야 한다는 니체의 말은 현재를 살아가는 모든 사람들에게 시사하는 바가 매우 큽니다.

통합형 논술
활용노트

01 니체는 '힘에의 의지'가 모든 것의 본질을 이룬다고 말합니다. 우리의 생활 속에서 예를 들어 '힘에의 의지'로 인해 발생하는 문제점을 생각한 뒤에 해결방안을 제시해 보세요.

02 니체는 어설픈 이타주의보다는 건강한 이기주의가 낫다고 합니다. 나는 과연 이기주의자인가, 이타주의자인가를 생각해 보고, 다른 사람과 더불어 잘살기 위해서는 나만을 생각하는 것과 타인을 배려하는 것 중 어느 것이 더 중요한지를 설명해 보세요.

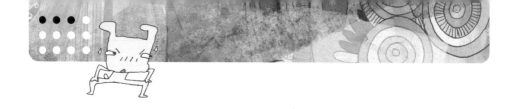

03 니체는, 인간은 스스로 자기 자신을 극복해야 한다고 말했습니다. 그렇다면 나 자신의 장점과 단점을 들고, 극복해야 할 문제점과 극복하는 방법을 생각해 보세요.

04 니체는 위버멘쉬라는 이상적인 인간이 되어라고 말합니다. 위버멘쉬는 어떠한 특징을 갖고 있는지 설명하고, 나 자신은 과연 그렇게 될 수 있는지 생각해 보세요. 만약에 될 수 없다면 무엇이 문제점인가를 생각해 보세요.

05 과거를 돌이켜보았을 때, 후회되는 일을 몇 가지 꼽아 보고, 미래에 다시 태어나게 된다면 하고 싶은 일을 나열해 보세요. 그리고 과거와 미래와 관련하여 꼭 지금 하고 싶은 일은 무엇인가요?

06 만약 계속 같은 일이 반복된다면 어떻게 할까요? 오늘 하는 일이
내일 반복되고, 내일이 모레와 똑같다면 어떻게 될까요? 일 년 내
내 같은 일이 반복된다면 어떨까요? 천 년 후에 다시 태어나 오늘
과 같은 일을 되풀이 한다면 어떻게 될까요?

07 니체의 '신이 죽었다' 라는 말의 뜻을 설명하시오. 만약 신이 있다면 나의 삶은 어떻게 변할 것이고, 만약 신이 없다면 어떻게 될까요? 그 차이를 말해 보세요.

08 천국이나 지옥이 있을까요? 있다면 어떤 모습일까요? 혹시 그것
이 나의 환상은 아닐까요? 아니면 실제로 있을까요?

09 인간의 행복을 위해 정신과 몸 중에 어느 것이 더 중요할까요?

통합형 논술 활용노트
문제풀이

01 니체에 따르면 '힘에의 의지'는 모든 사물의 본성입니다. 특히 생명체에게서 '힘에의 의지'는 성장하는 과정에서 경쟁으로 잘 나타납니다. 빛을 두고 다른 식물들과 경쟁하는 과정을 통해 나무들은 곧바로 자랄 수 있게 됩니다. 여기서 경쟁은 성장과 생명 연장을 위한 필연적인 과정입니다. 그러나 경쟁에서 탈락하는 경우에는 시들어 죽고 맙니다. 학교에서도 성적을 매기고 상장을 주면 학생들이 더욱 열심히 공부하게 되는 것과 같은 이치입니다.

누구나 더 많은 힘, 더 좋은 성적, 더 많은 부를 갖고자 하는 욕망을, 즉 '힘에의 의지'를 갖고 있는데, 문제는 그 경쟁에서 패하는 사람들입니다. 그래서 니체의 이론은 약육강식이나 적자생존처럼 강자를 옹호하는 측면이 있습니다. 요즘 빈부격차, 양극화 등이 문제점으로 지적되고 있습니다. 극소수의 사람들이 지나치게 부를 차지하고, 많은 사람들이 빈곤과 실업에 시달리게 되는 것이지요.

이라크 전쟁에서 볼 수 있듯이 안타깝게도 인간의 욕심 때문에 서로 죽이는 일들이 발생합니다. 이러한 '힘에의 의지'에 따른 부작용을 염려하기 때문에 사회적인 약자들, 예를 들어 장애인이나 노인들을 특별히 배려해야 한다는 목소리가 높아지고 있습니다. 전쟁에 반대하는 사람들도 강대국이 약한 나라를 공격하는 것을 비난합니다. '힘에의 의지'는 좋은 측면과 나쁜 측면을 모두 갖고 있습니다. 그것을 비판적으로 살펴볼 필요가 있습니다.

02 인간은 이기적인가, 이타적인가에 대해 많은 논란이 있습니다. 동양철학에서는 우물에 빠진 아이를 건지려는 마음을 선하다고 보았는데, 사실 수영을 하지 못하거나 힘이 약한 사람이 물에 빠진 아이를 구하기 위해서는 많은 용기가 필요합니다.

이기주의는 자연스러운 것입니다. 그것을 이타주의로 바꾸기 위해서는 종교와 윤리의 덕목을 실천하려는 노력이 필요합니다. 사람은 혼자 사는 것이 아니라 다른 사람과 더불어 사회를 이루며 살기 때문에 자신의 욕망과 자유가 다른 사람의 권리를

침해하지 않도록 제한되어야 합니다.
여기서 역지사지, 즉 입장을 바꾸어 생각
하는 태도가 필요합니다. 즉, 내가 싫은 것
을 남한테 하지 말고, 내가 원하는 것을 다
른 사람에게 베풀라는 것인데, 이러한 삶
의 태도는 기독교를 비롯한 종교뿐만 아니
라 동양의 철학자와 현자들도 강조했습니
다. 이러한 숙고를 통해 다른 사람의 입장
을 고려하게 됨으로써 이타주의가 생겨나
게 됩니다.

그러나 니체가 말하는 것처럼 이타주의는
사람들을 게으르게 만들 수 있습니다. 타
인의 도움에 의존하면서 나약해질 수 있기
때문입니다. 사실 지난 수세기 동안 불우
한 이웃을 돕자는 캠페인이 진행되어 왔지
만, 근본적인 문제가 해결되지 않고 있습
니다. 동정심만으로는 부족하다는 사실이
여기서도 증명됩니다. 무조건적으로 타인
을 배려한다고 해서 가난이 없어지지는 않
으므로 보다 현실적인 대책이 마련되어야
합니다.

03 니체는 끊임없이 자신을 극복해
가는 사람을 '위버멘쉬'라는 말로
표현했습니다. 위버멘쉬가 되기 위해서는
우선 동물의 나쁜 속성을 극복해야 합니
다. 욕구를 해결하기 위해 충동적으로 행
동하는 동물적 본성 때문에 사람들은 충돌
이 생겼을 때 주먹이 앞서고 험한 말이 오
가는 것입니다. 따라서 이러한 동물적이고
폭력적인 본성을 극복하는 것은 위버멘쉬
가 되기 위한 시작이라고 말할 수 있습니
다.

누구나 장점이 있는 반면 단점이 있습니
다. 사람의 기질은 대부분 습관으로 굳어
진 것이기 때문에 그만큼 고치기가 어렵습
니다. 어려서 익힐 수 있는 좋은 습관으로
는 좋은 책을 많이 읽고 그 느낌을 글로 옮
기는 것입니다. 뿐만 아니라 비판적인 토
론과 토의를 하는 가운데 스스로의 문제점
을 알아 나가는 것도 중요합니다.

04 위버멘쉬는 고독을 느끼면서도
타인과 잘 어울리는 성격을 지니
고 있습니다. 자기수양이 잘되어 있기 때

문에 자존심이 강하면서도 타인의 단점을 끄집어내어 따돌리거나 하지도 않습니다. 사람은 누구나 자기만의 개성을 지니고 있으므로 대립하고 충돌할 수 있습니다. 하지만 위버멘쉬는 다른 사람과의 차이를 인정하는 포용력 있는 사람입니다.

위버멘쉬는 다른 사람에 대한 질투나 분노 그리고 원한을 극복했습니다. 그래서 남이 잘되는 것을 보고 배 아파하는 일이 없습니다. 위버멘쉬는 자신을 긍정할 줄 알기 때문에 자신을 사랑합니다. 자신을 사랑하지 못하는 사람은 다른 사람을 사랑할 수 있는 마음의 여유가 없습니다.

위버멘쉬는 웃을 줄 아는 어린아이와 같습니다. 바닷가에서 놀다가 장난감을 잃어버려도 다시 바다가 돌려주는 조개껍질을 갖고 놀면서 웃을 줄 압니다. 세상을 살다 보면 얻는 것도 있지만 소중한 것을 잃기도 합니다. 상심의 아픔을 잘 보듬을 줄 아는 사람이 진정으로 강한 사람입니다.

05 과거를 생각하면 친구들과 다투었던 일들도 생각나고 부모님들의 말씀을 어겨 혼난 기억도 납니다. 다시는 잘못하지 않겠다고 약속하면서도 실수를 반복합니다. 가끔은 그러한 잘못 때문에 심한 죄책감을 갖기도 합니다.

언젠가 다시 태어날 수 있다면 부잣집에서 부족함이 없이 잘살았으면 좋겠습니다. 지금의 좋은 친구들을 만나면서도 좀 더 나은 외모를 갖고 살았으면 좋겠어요.

그러나 현재에 노력을 하지 않고 과거를 탓하는 것은 옳지 않습니다. 이왕 태어난 인생을 되돌릴 수 없으며 과거를 바꿀 수 없다고 한탄만 해서는 안 됩니다. 미래에 이루고자 하는 일을 지금부터 계획하고 실행하여 멋진 삶을 꾸려 나가야 할 것입니다.

06 매일 반복되는 삶을 다람쥐 쳇바퀴와 같다고 합니다. 같은 일을 반복하면 권태롭습니다. 새로운 것을 갈망하려면 반복을 거부해야 합니다. 그러나 권태는 삶의 일부입니다. 아침에 일어나서 학교에 가는 일처럼 사람은 모든 일이 반복될 때 뭔가 새롭고 창조적인 것을 원하

게 됩니다. 그러나 일 년 내내 반복되는 일을 잘 견디고 이겨 낼 수 있는 것도 훌륭한 능력입니다. 니체가 말한 영원회귀는 오늘의 일이 내일 또 반복된다면, 그것을 운명처럼 받아들이고 긍정하는 태도가 필요하다는 철학입니다. 천 년 후에도 오늘과 같은 일이 반복되어도 여전히 기쁘게 받아들일 수 있도록 현재의 삶을 아름답고 멋있게 만들 필요가 있습니다. 친구들과 다투었다면, 지금 먼저 손을 내밀어 화해를 해야 같은 일이 반복되더라도 후회가 없을 것입니다.

07 '신이 죽었다'는 것은 신뿐만 아니라 그것과 관련된 많은 가치들이 무너졌다는 뜻입니다. 기독교에서 하나님은 인간과 세계를 창조했고 죄를 지은 인간을 구원하려고 계획하고 있다고 합니다. 그러나 만약 그러한 신이 없다면 상당히 혼란스럽습니다. 모든 목표를 신이

정해 주었기 때문에 그러한 계율에 따라 살게 되면 누구나 구원 받게 된다고 믿었는데, 신이 없다면 그렇게 할 필요가 없어집니다. 착하게 살든 악하게 살든 그것에 대한 처벌과 보상이 없다면 우리의 행동은 무의미해질 수 있습니다.

08 사후세계는 천국과 지옥으로 나눌 수 있습니다. 천국은 꽃이 만발하고 새가 노래하고 아름다운 봄과 같은 풍경이 펼쳐지면서 하늘에는 흰 구름이 떠다니고 천사와 함께 노니는 곳입니다. 지옥은 무서운 얼굴을 가진 괴물들과 불가마가 있고 온갖 고통이 기다리고 있는 곳입니다. 그러나 천국과 지옥은 어쩌면 인간의 상상력이 만들어 낸 산물인지도 모릅니다. 우리가 삶에 지칠 때 도피처로 천국을 생각하는 것은 아닌지, 또는 다른 사람의 악한 행동을 볼 때 그것에 대한 복수심으로 지옥에나 가라면서 꾸며낸 것은

아닌지 곰곰이 생각해 볼 필요가 있습니다. 자신이 가고 싶은 곳을 천국으로, 다른 사람을 보내고 싶은 곳을 지옥으로 상상한 것은 아닐까요? 그렇기 때문에 천국과 지옥에 대한 모습이 사람마다 다를 수밖에 없는 것이지요.

없습니다. 현실적인 문제를 외면하고 정신의 고매함을 추구하며 그 안에서 행복을 누리는 것은 자칫 이기적인 발상일 수도 있습니다. 따라서 정신의 행복과 몸의 만족이 적절히 조화를 이룰 때 사람은 진정 행복하다고 말할 수 있을 것입니다.

09 행복의 조건은 사람마다 다릅니다. 하지만 대부분의 사람들은 물질의 풍요를 행복의 조건으로 꼽습니다. 물질의 풍요는 육체에 쾌락과 편안함을 주기 때문입니다. 그러나 그것만으로 행복이 이루어지는 것은 아닙니다. 물질의 풍요란 상대적인 것이기 때문에 아무리 부를 누리고 있다고 해도 보다 큰 부자 앞에서는 스스로 빈곤하다고 생각할 수 있습니다. 따라서 지나친 욕심은 오히려 불행을 초래하기도 합니다.

그렇다고 해서 정신의 가치만을 추구하는 것도 옳은 삶이라고 볼 수는